動きを直せば心は変わる

メンタルトレーニングの新しいアプローチ

徳永幹雄 著

大修館書店

はじめに

わが国においてスポーツ選手の精神力の強化が叫ばれて久しくなります。古くは１９６４（昭和39）年、東京オリンピックの時に、日本体育協会にスポーツ医・科学委員会ができました。その中の心理班に、「あがり」の対策を中心とした研究プロジェクトを発足したのが最初と言われています。今は亡き松井三雄・松田岩男先生が中心になってスタートしました。

しかし、その後の20年間、ほとんどの研究はストップしていました。１９８４年ロサンゼルス・オリンピックで、日本選手が不振であったのに対してアメリカ選手の活躍の裏には、スポーツ心理学の功績があったと言われています。そこから、再び日本体育協会のスポーツ医・科学委員会の中に心理班ができ、「メンタルマネージメントに関する基礎的かつ広範囲な研究」として、プロジェクト研究が再開されました。

近年、若いアスリートたちが海外のチームに所属して、世界で活躍するのは珍しくなくなりました。野球、サッカー、テニス、バレーボール、卓球など、男女を問わず、挑戦を続けています。また、オリンピックや世界選手権などで、世界を相手に活躍する選手は多くなりました。

こうした背景には、スポーツ医・科学の発展と選手へのサポート体制の強化が貢献していると思われます。

筆者が専門とするスポーツ心理学の分野でも、多くの発展がみられました。2000年に日本スポーツ心理学会は、「スポーツメンタルトレーニング指導士」の資格認定制度を発足させ、現在、約150名の資格を持つ指導士が活躍しています。

筆者は、この分野の研究に長年、関わってきました。そして、これまでの研究を分かりやすく解説し、スポーツ選手のメンタル面の強化に貢献したいと考えました。

折しも、本書を執筆し始めた2014年9月、全米オープンテニスが開催され、日本のホープ、錦織圭選手が快進撃を続けました。4回戦で世界ランキング（ランキングは当時）6位のミロシュ・ラオニッチ（カナダ）をフルセットで破り、準々決勝でランキング4位のスタン・ワウリンカ（スイス）を3-6、7-5、7-6、6-7、6-4で撃破しました。全米でのベスト4入りは、1918年、熊谷一弥さん以来、実に96年振りということでした。準決勝では世界ランキング1位で第1シードのノバク・ジョコビッチ（セルビア）を、6-4、1-6、7-6、6-3で破るという快挙を達成し、日本男子初のグランドスラム大会の決勝進出をやってのけ、世界を驚かせました。決勝では惜しくも敗れましたが、錦織選手のテニスをテレビで観戦していると、まさに「動きが変わった」感じがしました。これまでビック4と言われたセルビアのノバク・ジョコビッチ、スイスのロジャー・フェデラー、スペインのラファエル・ナダル、イギリスのアンディ・マレーらのテニスを、打ち負かすだけの技術を習得しているようです。その技術に裏打ちされて、メンタル面も確かに強くなっています。

まさに、本書が意図した「動きを直せば、心は変わる」を示しているようです。こうした選手は、車椅子テニスの国枝慎吾選手、体操競技の内村航平選手、レスリングの吉田沙保里選手、大相撲の横綱白鵬などにも見られ、技術に裏打ちされた選手のメンタルの強さを示しています。

一方、期待をされながら、期待を裏切るスポーツ選手も多くいます。そうした選手は負けるたびに、「メンタルが弱い」と指摘されてきました。勝てば「メンタルが強い」と言われるし、負ければ「メンタルが弱い」と言われるようです。

はたして、試合に負けるのは、メンタルが弱いからとだけ言って良いのでしょうか。実際にはそうではなくて、技術が完成の域に達成していない、と言った方が良いのではないかと思います。「メンタル」を問う前に、自分のプレイを確認し、そのプレイを発展させる意識を持つことが大切です。思い切って自分のプレイをし、それに徹する練習をする必要があるのです。自分のプレイをして、勝てるようになれば、メンタルも身についている、または、ついてくるのではないでしょうか。

本書で扱う「動き」とは、後述する「メンタルな動き」が中心ですが、それだけではありません。競技成績に影響するすべての要因を含みます。すなわち、技術、体力、食事、生活習慣などでの動きを含めた広い意味に使っています。例えば、積極的といった場合、積極的な意識を持った動きであり、積極的で攻撃的な技術の練習、それに必要な筋力、持久力などの体力も含めての「動きを直す」という意味です。

本書は『ベストプレイへのメンタルトレーニング改訂版』（２００３、大修館書店）や『教養としてのスポーツ心理学』（２００５、大修館書店）で、筆者が執筆した部分を大幅に修正・改訂して、「動きを直せば、心は変わる」を追加し、新しく構成したものです。

最初に競技成績は何によって決まるか、「動きを直せば、心は変わる」とは、どういう意味かをみます。次にメンタルトレーニングは何をするのか、メンタル面の診断方法を紹介します。そして、実際のメンタルトレーニングとして、やる気はどうしたら生まれるか、よい緊張感はどのようにして作るか、集中力はどのようにして高めるか、作戦はどのようにして立てるか、自信はどのようにして高めるか、などについて考えていきます。

さらに、試合を控えて、競技前後の心理的準備はどうしたら良いか、競技後の反省の仕方、そして、メンタルトレーニングでは「何をどう直したら良いか」「スポーツは勝つことばかりではない」ので、スポーツの持つ心理学的意味を考え、心の健康の問題にも触れます。

読者の皆さんにとっては、本書が何かの「動きを直す」をきっかけになり、競技成績が向上することを望んでいます。そして、単にスポーツだけでなく、社会生活においても、「動きを直す」ことにつながり、スポーツも人生も楽しく、継続されることを期待します。

2016年1月

徳永　幹雄

目　次

第1章

スポーツの成績と心・技・体

スポーツ選手は、試合で結果（勝つこと）が要求されます。本章では勝つ条件とは何か、実力発揮の条件は何かを考えてみましょう。精神力は実力発揮の重要な要因です。精神力を高める方法として、メンタルトレーニングがあります。メンタルトレーニングの2つの考え方を紹介します。

1——スポーツ選手は結果が問われる

プロスポーツに限らずアマチュアスポーツにおいても、勝たなければ意味がない、と思っている人が多くいます。本当に勝たなければ意味がないのでしょうか。

スポーツの目的は多種多様ですが、国民、県民、地域社会、家族、仲間たちのほとんどは、勝つことを期待して、選手を送り出しています。こうした期待を受けて、指導者もまた勝たせたい一心で指導しています。すると勝つことを急ぐあまり、猛特訓で、体罰や罵声が飛び交うことになります。その結果、勝利至上主義、勝利優先主義、優勝劣敗主義が生まれました。そこから、スポーツ選手の悲劇が生まれることが繰り返されてきたのです。スポーツの試合では、勝つ人より負ける人が多いということを知っているはずなのですが…。

スポーツは、若い人から高齢者まで、多くの人びとが勝敗を競っています。一般的にメンタルトレーニングにおいても、メンタルの指導が実力発揮だけでなく、結果（勝利）に結びつくことが求められているのだと思います。スポーツ選手は結果が問われているのです。確かに負けるより勝ったほうが良いに決まっています。しかし、勝つことができなければ、負けても負けても、次の試合に向かって練習を繰り返すことになります。いかにして勝つか、負けるか、そしてスポーツをする価値をもう一度考える必要があるのではないでしょうか。

2――勝つための条件と実力発揮の条件

スポーツの試合で勝つための条件と共に、実力発揮の条件も大切です。その答え（条件）は**「技術＋体力＋精神力」**です。

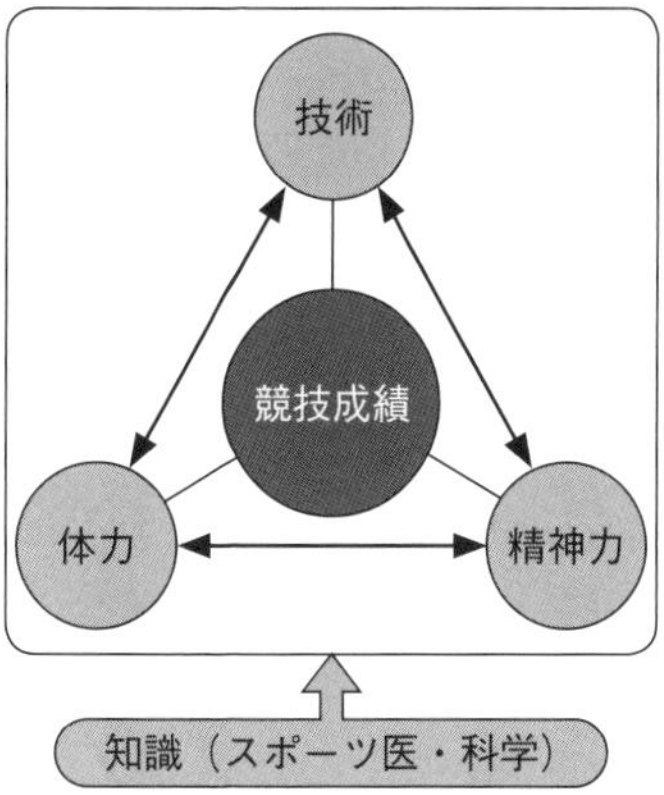

図1　競技成績を決定する要因とスポーツ医・科学的知識の関係

技術を高めるために多くの練習をしなければなりません。そして、その技術を支えるために、体力を高める必要があります。さらに、試合で自分の技術や体力を出し切り、パフォーマンスを発揮するためには、精神力が必要となります。**図1**は競技成績が技術、体力、精神力で決定され、指導者も選手も、それぞれに関するスポーツ医・科学的知識を身につけなければならないことを示しています。

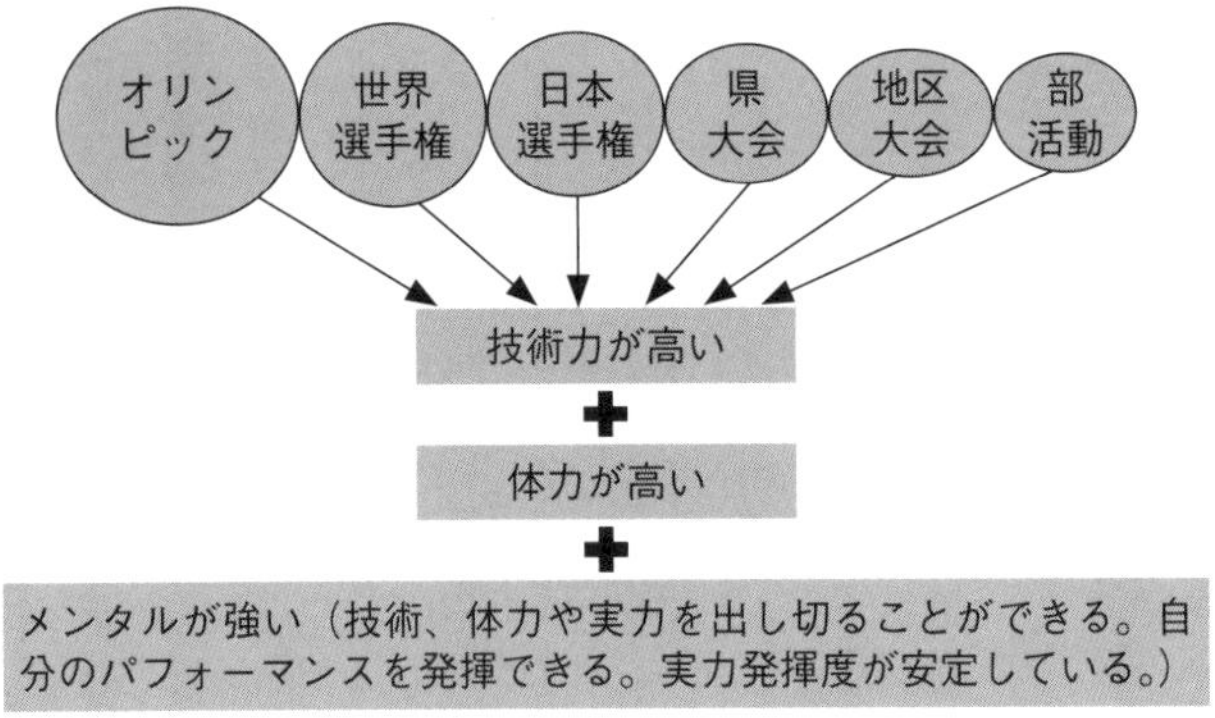

図２　勝つための条件と実力発揮の条件

最近は選手も指導者も、精神力のことを「メンタル」や「メンタリティ」と呼ぶことが多いようです。そして、実力発揮の条件は、「メンタル」の強化にかかっていると言われます。ここまでは誰もその必要性に異論はないでしょう。しかし、「メンタル」とは何か、「メンタル」の強化とは何かと問われると、うまく答えられず、困ってしまうのが現状でしょう。

図２は試合で勝つための条件と実力発揮の条件として、技術力が高い、体力が高い、そしてメンタルが強いことが必要であることを示しています。**どのような試合や大会でも、技術、体力、精神力の３要因を高めることが、「勝つための条件」であり、「実力発揮の条件」と言うことができます。**特にメンタルの強さは実力発揮と強い関係があり

ます。

　当然、技術力、体力、精神力は、年齢などによってそれぞれのトレーニングの割合も異なってきます。まずは技術を高め、体力を鍛え、そのうえにメンタルを鍛えるのが一般的です。

　その他にも、スポーツの結果に影響する条件は、生活習慣としての食事、睡眠、勉強、仕事、嗜好品、ストレス対策などのライフスキル（スポーツ選手としての生活習慣の技術）が必要です。

　さらに、影響する要因としては、指導者、社会や家族の協力、コンディショニング能力、休養やスポーツ障害の予防、そして集団の特徴（やる気、リーダーシップなど）、構造的特徴（部員数、階級性、コミュニケーションなど）、環境的特徴（施設、組織内の機能）、課題的特徴（目標、目標達成の要望、練習量）などが関係しています。

　また、プロテニスの４大大会に関するＮＨＫのテレビ番組では、戦力分析として「攻撃力、守備力、戦術、スタミナ、メンタル」について対戦相手との比較を１００％として、どちらが優れているかを解説しています。当然ながら、スポーツ種目によってどの要因の重要度が高いかを見つけなければなりません。

　本書ではスポーツ選手のメンタル面とは何か、そして、どのようにして強化すれば良いのかを紹介し、自分の実力発揮を目指し、結果として勝利を導く方法を提案したいと思います。つまり、勝負には負けたけど、「自分の目標は達成できたし、実力は発揮した」と言えるように、そして「現在の技術、体力では負けたけど、今後、技術、体力を高め、再挑戦するぞ！」といった挑戦的態度が身につくような育成法を紹介していきます。

3――メンタルトレーニングの2つの考え方

スポーツ選手の精神力を高めるために一番有効な方法は、スポーツメンタルトレーニングと言われています。この方法には大きく分けると2つの考え方があります。

(1) 心を変えて、動きを変える

1つは「心を変えて、動きを変える」方法です。選手は心に悩みや問題を抱えている場合があります。試合で勝つ時やうまくいっている時は良いのですが、そんな時は、いつまでも続きません。

試合で負ける、または負けることが続き、いくら練習しても伸びない時、スランプに陥っ

た時などは、不合理な考えや認知、悩み、心配、不安、恐怖などの消極的な感情に襲われます。こうした消極的な認知や感情は、選手にとってプラスにはなりません。自分で克服するか、家族、監督、コーチなどに相談するか、専門の心理学者に相談するかしか方法はありません。現在、活躍しているスポーツメンタルトレーニング指導士は、これらの問題を解決してくれます。

スポーツ選手の悩みやメンタル面の強化を計画的にトレーニングして、認知を変えて動きを変える方法が1つめのメンタルトレーニングです。心理学的には認知的行動療法と言えるでしょう。

(2) 動きを変えて、心を変える

もう1つは「**動きを変えて、心を変える**」方法です。この方法は古くから日本選手に多く取り入れられたものです。徹底的に動きの練習をする中で、スポーツ選手の精神力を鍛えるという方法です。しかし、この方法はかつて根性主義、鍛錬主義、精神主義などと呼ばれ、体罰や罵声が増え、多くの批判を浴びてきました。

批判はありましたが、技術にアプローチする方法が完全にまちがっているというわけでは

ありません。それは、スポーツが動きや技術を競う限り、動きや技術が伴なわなければならないからです。スポーツ選手に求められる心の状態を、動きの練習を通して身につけることは重要なことです。動きを変えるためには何が必要か。何を教えれば動きを変えるきっかけになるのか。視点を動きにあてるという意味で、動きを変えることを優先して心を変える方法です。心理学的には行動療法と言えるでしょう。

前者のように「心が良くなり、動きも良くなった」、あるいは後者のように「動きが良くなり、心も良くなった」としたら、どちらもスポーツ選手にとっては、望外の喜びとなるでしょう。次章から、これらの2つの方法をさらに詳しく考えていきたいと思います。

以上を要約すると、次のとおりです。

競技成績は技術、体力、精神力や生活習慣などによって影響します。特に精神力は実力発揮と関係しています。精神力を高めるための方法にはメンタルトレーニングがあり、2つの考え方があります。「心を変えて、動きを変える」方法と「動きを変えて、心を変える」方法です。自分の競技成績に影響する要因の中で、どのような要因を直せば良いかを考えることが必要です。

第2章

動きを直して、心を変える

メンタルトレーニングで重要なのは、心を直すことだけではありません。確かにこれまで心理学者やスポーツ心理学者は心を直して動きを変えることに中心をおいてきました。スポーツ選手の心は、その方法で直る（治る）場合もあります。しかし、多くの一般的なスポーツ選手にとっては、動きを直すことこそ、優先すべきではないでしょうか。本章では、動きとは何か、感情はなぜ生まれるのか、そして動きを直すことの意味について考えてみたいと思います。（本章より、動きを「変える」を「直す」という表記に置き換えて説明します）

1――動きとは

まずは広い意味としての「動き」をみていきましょう。ここでいう動きとは、スポーツで必要な技術、体力、精神力、そして選手として必要な生活習慣（食事、休養、睡眠、ストレス解消、規則正しい生活など）を含めています。

(1) 技術

スポーツ選手にとって最も重要な動きとは技術力です。どのくらいの技・技術を身につけているかが競技成績には影響します。選手の能力に応じてどのくらいの技術が発揮できるかという可能性を見極めることが必要です。動きを技術面から考え、動きをどのように直せば良いかを考えなければなりません。

(2) 体力

スポーツ選手として必要な筋力、持久力、瞬発力、柔軟性、敏捷性、平衡性などです。選手としてどのような体力が必要であり、それを身につけているか、そして欠けているかを知ることが大切です。

(3) 精神力

スポーツ選手として必要な精神力とは何か。自分がしているスポーツにはどのような精神力が必要なのか、その精神力は身についているのか、欠けているのかを知る必要があります。また、競技場面で、その精神力を動きとして発揮できることが必要です。

(4) 生活習慣

スポーツ選手として必要な生活習慣（食事、休養、睡眠、ストレス解消、規則正しい生活など）ができているかを知る必要があります。

2――メンタルな動き

スポーツ選手の心は、動き・動作・表情・態度などに表われます。**練習で優れた動きができない選手が、本番でできるわけがありません。競技場面で必要な忍耐力、自信、リラック**

ス能力、集中力などの心理的競技能力が動きとして、できるようにする練習を「メンタルな動きづくり」と呼びます。これまで練習してきた精神力が、試合中にメンタルな動きとして発揮できるようにする必要があります。

スポーツ選手に必要な精神力（心理的競技能力）は、「忍耐力、闘争心、自己実現意欲、勝利意欲、集中力、リラックス能力、自己コントロール能力、自信、決断力、予測力、判断力、協調性」の12の内容です（このことについては詳しく後述します）。一連のプレイの中に、こうした心の状態がメンタルな動きとして発揮できる必要があります。プレイには、「闘志→リラックス→集中→イメージ（作戦）→プレイ」といった心理的競技能力が一連の動きとして、できていることが大切です。

3——「悲しいから泣く」のか、「泣くから悲しい」のか

(1) 感情はどうして生まれるか

突然、難しい話になりますが、私たちの体の中で、心（感情）はどこで決定されるのかを

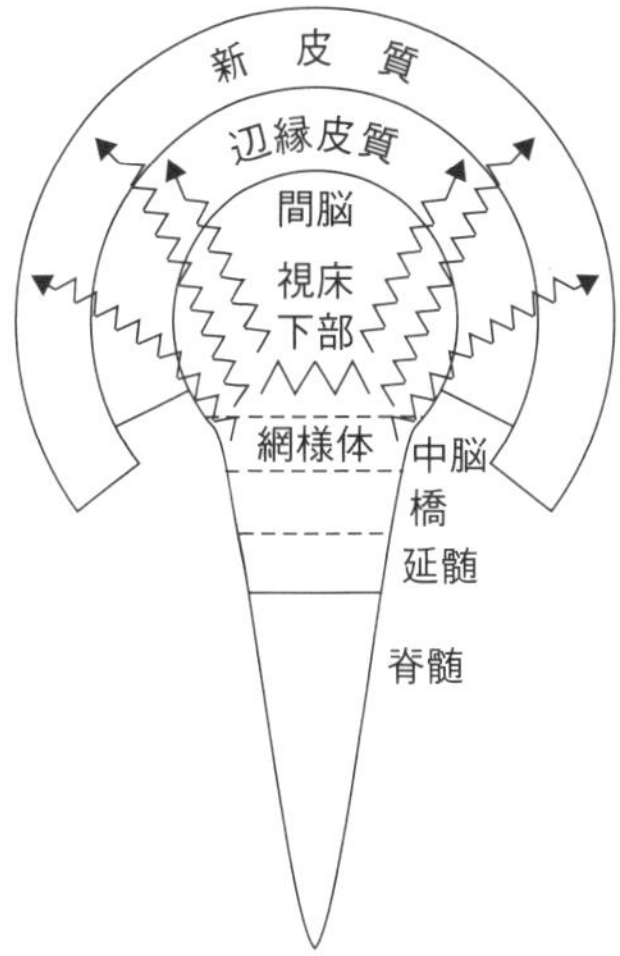

心とは
意識…大脳皮質
（新皮質、辺縁皮質）
感情…間脳
（視床と視床下部）

図3　心とは何か
［図は時実（1969）：『目でみる脳—その構造と機能—』をもとに作図］

考えてみましょう。心とは意識（認知）と感情を含めたものです。意識は知識や認知であり、脳の大脳皮質（新皮質と辺縁皮質）が興奮して生じ、人間の喜怒哀楽といった感情は間脳の視床と視床下部が興奮して生じるとされています。

図3は心とは何かを示したものと脳の断面図です。心は大脳皮質でつかさどられます。また、感情は間脳の視床と視床下部でつかさどられます。

感情は、なぜ、生まれるのか？
(刺激の認知) ──→ (感情の生起) ──→ (身体的変化)

「悲しいから、泣く」
　…中枢起源説（キャノン・バード説）
「怖いから逃げる」「腹が立つから叩く」
（自信が不安になれば、パフォーマンスが壊れる）

図４　感情は、なぜ生まれるのか―中枢起源説

(2) 心を直して、動きを変える ―「悲しいから泣く」―

感情がなぜ生まれるかについては、古くから2つの有力な説（理論）があります。

1つめの感情生起の有力な理論は、刺激を認知すると、間脳が興奮して感情が生起して、身体的な変化が起きるというキャノン・バードの中枢起源説です。**図４**にその概略を示しました。「刺激の認知 ↓ 感情の生起 ↓ 身体の変化」で表されます。言うまでもなく、「悲しいと認知したら、涙が出てくる」「怖いと感じたら逃げる」「腹が立つと叩く」といった現象で説明できます。

スポーツ選手の場合、消極的な感情を感じたら、動きが悪くなります。自信がなく不安になれば、動きがくずれます。例えば、テニスの選手がサービスに不安を感じれば、ダブルフォールトをおかすリスクが高まるでしょう。野球の選手が捕球に自

信がなくなれば、エラーをおかすでしょう。

　こうした場合、プレイに対する認知を変えなければなりません。肯定的感情、積極的感情に変える必要があります。不安をなくすための工夫が望まれます。「サーブは入る！」「捕球はできる！」とつぶやく場合もあるでしょう。または、「自分にできることをすれば良い！」「思い切りやるだけだ！」と自分に言い聞かせることもあるでしょう。つまり、この理論は、認知を変えて、動きを変える方法と言うことができます。従来の多くのメンタルトレーニングは、この理論を用いてきたのだと思います。しかし、いくらつぶやいたり、自分を励ましたりしても、技術が伴わなければ、どうにもならないのではないでしょうか。

(3) 動きを直して、心を変える ―「泣くから悲しい」―

　もう1つの有力な説は、ジェームス・ランゲの末梢起源説です。図5に示したように、「刺激の認知 ↓ 身体的変化 ↓ 感情の生起」で表されます。「悲しいから泣く」のではなく、「泣くから悲しい」という言葉にたとえられます。ほかには、「逃げるから怖い」「叩くから腹が立つ」といった言葉で代表されるものです。つまり、刺激があると、まず心臓がドキドキするなど何らかの身体変化が起き、それから感情が生じるとする説です。

感情は、なぜ生まれるのか？
（刺激の認知）→（身体的変化）→（感情の生起）

「悲しいから泣くのではなく、泣くから悲しい」
…末梢起源説（ジェームス・ランゲ説）
「逃げるから怖い」「叩くから腹が立つ」
（パフォーマンスが完璧にできるようにして、心をつくる。パフォーマンスを良くして、自信をつくる）

図５　感情は、なぜ、生まれるのか―末梢起源説―

この末梢起源説をスポーツ選手に当てはめると、態度、動き、行動を変えることが、スポーツ選手の心を変えることになります。このように考えると、**スポーツ選手の消極的な心を望ましい心に変えるためには、その競技に好ましい・望ましい「動き」を完成させることが必要**ということがわかります。すなわち、その競技のパフォーマンスがベストにできるようにして心をつくる、パフォーマンスを良くして、自信をつくるということです。

例えば、緊張して身体の動きが悪い選手に、指導者は「足を動かせ！」と指導します。選手は言われるままに、足を前後左右に動かします。そのうち、選手は身体がリラックスしてきます。また、闘志が見えない選手や気合いが足りない選手に、プレイごとに、「気合いを入れて声を出せ！」「ガッツポーズをとれ！」と声をかけます。さらに、顔を下に向けて自信なさそうに歩くより、堂々と胸を張って誇らしげに歩くように指導するでしょう。

つまり、動きを直せば心が変わるということをベテランの指導者は経験的に知っているのだと思います。**これまで、心を変えることに重きを置いてきた多くのスポーツメンタルトレーニングの指導者は、実は動きづくりを指導することも必要だったのです。**筆者は動きを直すことが優先されるべきだと思います。ここでの動きとは、前述したメンタルな動きのことをさします。くどいようですが、消極的な選手は攻撃的で積極的な技術の練習、それに必要な筋力、持久力のトレーニングなどに代表される体力も含めてトレーニングすることが必要になります。**ここに動きを直すことに焦点をあてた新たなメンタルトレーニングの必要性があると思います。そして、新たなメンタルトレーニングへのアプローチがあると考えます。**

4——メンタルな動きを直す

メンタルな動きを直すためには、メンタルのどの部分を直せば良いのでしょうか。何をチェックすれば良いのでしょうか。

練習への取り組み、心構え、試合に関しては試合の入り方、試合開始早々・中間・終了間際・終了後の動き、そして生活習慣の全般にわたり、問題はないかをチェックします。

そして、メンタルな動きづくりとしては、12の心理的競技能力が動きの中に表現されているかを分析します。つまり、動きの中に

・忍耐力、闘争心、自己実現意欲、勝利意欲のある動きがあるか。
・集中力、リラックス能力、自己コントロール能力のある動きがあるか。
・自信、決断力のある動きがあるか。
・判断力、予測力のある動きがあるか。
・協調性のある動きがあるか。

などをチェックすれば良いことになります。その能力が必要とされる状況の中で、発揮できることが必要です。試合状況が変わる中で、必要な「心理的競技能力」を動きとして発揮できているか、メンタルに悪影響する動きはないかをチェックし、修正すれば良いのです。そして、メンタルが影響する動きを見分けることが大切になります。

常に、メンタルな能力を動きとして発揮できるようにしておくということです。スポーツ選手は、動きとしてパフォーマンスを発揮することが求められています。ここに、動きを直せば、心が変わり、結果が良くなるという考えがあるという確かな根拠が生まれることにな

ります。

さらに、その動きが安定すれば、結果もついてくることになるでしょう。そうすれば、「ベストに近い動きができる」ようになるということです。

以上を要約すると、次のとおりです。

ここでの動きとは、技術や体力、さらには生活習慣までの行動を含めたものです。メンタルな動きづくりとは、忍耐力、自信、リラックス能力、集中力などの心理的競技能力を動きとして発揮できるようになることです。メンタルトレーニングを感情の生起論から考えると、1つは認知を直して行動を変える方法、もう1つは表情、態度、動き、行動を直して心を変える方法です。

これまでのメンタルトレーニングは、前者を優先し、後者の指導にあまり取り組んできませんでした。しかし、スポーツ現場では、行動を直して心を変えることが必要です。メンタルが影響する動きを見分け、結果に結びつくトレーニングをすることが重要になります。ここに、「動きを直す」という新たなメンタルトレーニングへのアプローチがあると考えます。

第3章

実力発揮のメンタルトレーニング

競技成績を向上させるためには、技術、体力と共に精神力をトレーニングする必要があります。しかも、その精神力は試合場面での勝敗や実力発揮と密接に関係しています。そこで、まず「精神力」とは何かをみていきます。また、動きを直すためには、スポーツ選手の精神力の診断法、そしてトレーニング方法の概略について知っておく必要があります。それらについても紹介します。

1——「精神力」から「心理的競技能力」へ

心・技・体とよく言われるように、力を発揮するためには技（技術）や体（体力）と同じように心も重要であると昔から理解されてきました。スポーツにおいても同様です。そして、競技場面で勝敗を競ったり、実力を発揮したりする時、わが国では、「精神力」とか「根性」といった言葉がよく使われてきました。しかし、「精神力」を語る時、「精神力」とは何かを究明することはあまり行われず、ただ、猛練習が繰り返されてきました。

スポーツ選手に必要な「精神力」とは、具体的にどのような内容なのか、**その内容を明確にしない限り、「精神力」の診断・評価もできませんし、何をどのようにトレーニングすれば良いか、明らかにはなりません。**

多くの研究を積み重ね、筆者ら（2000年）は、「精神力」の具体的内容を明確にしてきました。次頁の**表1**は精神力の内容を5つの因子（競技意欲、精神の安定・集中、自信、作戦能力、協調性）に分け、さらに、それを12の尺度（忍耐力、闘争心、自己実現意欲、勝利意欲、自己コントロール能力、リラックス能力、集中力、自信、決断力、予測力、判断力、協調性）に分類したものです。

表1　心理的競技能力の5因子および12尺度

1. 競技意欲…	①忍耐力、②闘争心、 ③自己実現意欲、④勝利意欲
2. 精神の安定・集中……	⑤自己コントロール能力、 ⑥リラックス能力、⑦集中力
3. 自信………	⑧自信、⑨決断力
4. 作戦能力…	⑩予測力、⑪判断力
5. 協調性……	⑫協調性

この内容を、従来の「精神力」という抽象的な言葉と区別する意味で、「**心理的競技能力**」と呼ぶことにしました。つまり、**スポーツ選手が競技場面で必要な心理的能力であり、これがスポーツ選手に必要な心の指標であり、必要なメンタル面の内容ということになります。**

欧米では、こうした集中力や忍耐力といった心理的競技能力を心理的スキル（Psychological skill）と呼んでいます。スキル＝技術であるから、トレーニングすれば向上しますし、逆にトレーニングしないと上達しません。優れたスポーツ選手は多くの競技や練習を通して、様々な心理的スキルを身につけていると考えられます。

2——心理的競技能力の内容を明確にする

さて、最初の問題にもどって、スポーツ選手に必要な「精神力」とは、具体的にどのような内容なのか、その内容を明確にした研究について少し紹介したいと思います。

筆者は日本や外国の研究者が発表した「精神力」に関する多くの研究から、スポーツ選手の「精神力」を表わしていると思われる言葉をすべて集めました。さらに、大学の一般学生、運動部学生、体育学部の学生に、スポーツ選手に必要な「精神力」という言葉からイメージされる具体的内容について、自由に書いてもらいました。その中から、「精神力」の内容と思われる言葉を拾い集め、さらに、筆者の考える内容も追加しました。

こうして集まった「精神力」の内容は、大よそ、忍耐力、集中力、判断力、冷静さ、闘争心、協調性、意欲、挑戦、勝利意欲に大別され、68個の内容になりました。この内容を客観的な方法でいくつかに分類しようと考えました。

そこで、「精神力」の内容と思われる68個の質問に対して質問紙を作成し、スポーツ選手に、自分はその内容をもっているかどうかについて、すべて答えてもらいました。その対象に選ばれたのは、第1次研究（昭和62年度）は国民体育大会に参加した福岡県の選手236

名、第2次研究（平成元年度）は大学生526名でした。これらの調査結果を探索的因子分析法という統計法を用いて、いくつかの内容に分類しました。

その結果、「精神力」の内容を大きく分類すると、23頁の**表1**のような競技意欲、精神の安定・集中、自信、作戦能力、協調性の5つの内容に分けることができました。さらに小さく分類すると、「忍耐力、闘争心、自己実現意欲、勝利意欲、自己コントロール能力、リラックス能力、集中力、自信、決断力、予測力、判断力、協調性」の12の内容になりました。

3——メンタルトレーニングの概要

競技成績を高めるためには、1章の**図1**（3頁参照）でみたように技術を練習し、体力トレーニングをすると共に、メンタル面をトレーニングする必要があります。

いざ、試合になると自分の実力がなかなか発揮できないものです。つまり、メンタルトレーニングでは、自分がもっている力を本番で発揮しなければなりません。つまり、実力発揮度を高めるために、様々な評価尺度や過去の競技で調子が良かった時と悪かった時の違いなどを分析する必要があります。そして、自分に欠けている心理的競技能力を明確にして、その克服法

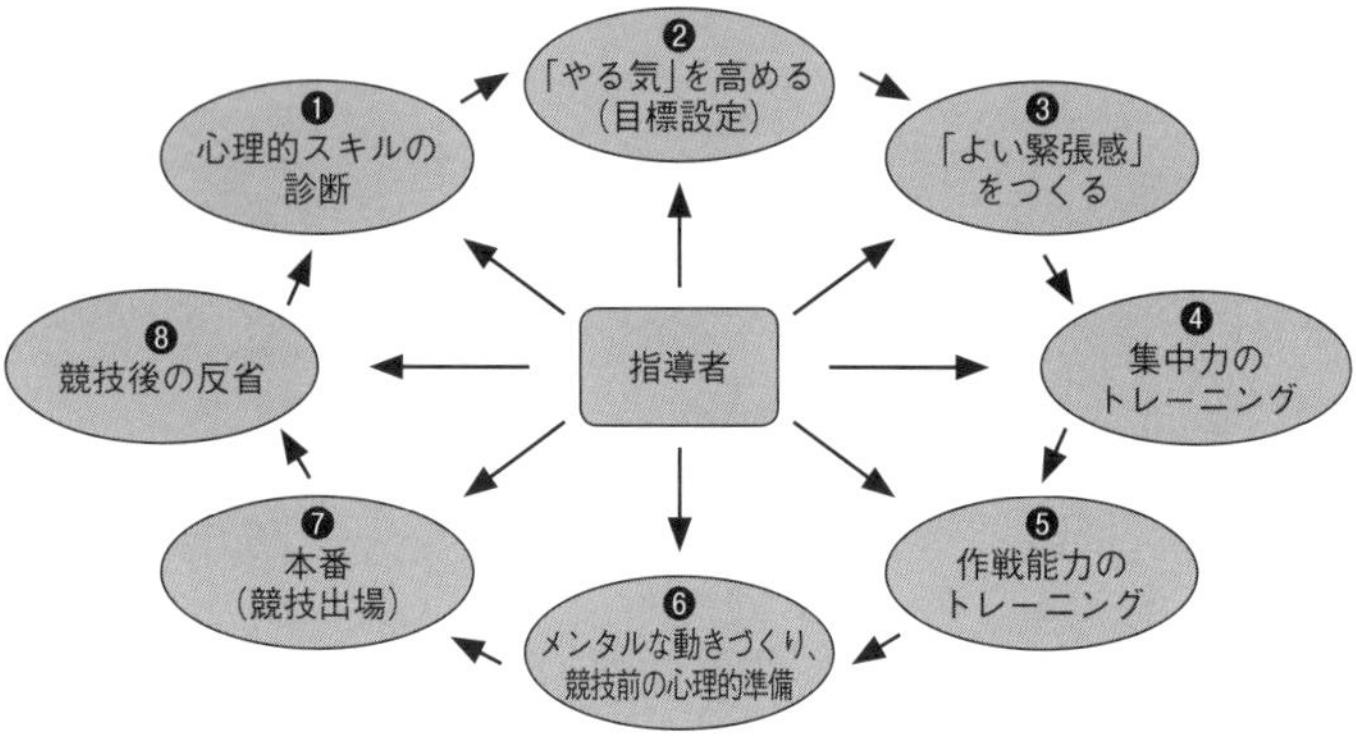

図６　筆者が考えるメンタルトレーニングの内容

を考え、トレーニングしていけば良いのです。これが通称、スポーツ選手のメンタルトレーニングと言われるものです。

筆者が考える**メンタルトレーニングは、トレーニングによって、「実力発揮度を高め、その確率を高い確率で安定するようにする」ことを目的とします。**❶〜❽にその内容を示しました。

❶心理的スキルの診断…自分の心理面の長所と短所を分析し、自分に欠けている心理的スキルを明確にします。

❷「やる気」を高めるトレーニング…競技意欲を高めます。その方法として目標を設定します。

❸「よい緊張感」をつくるトレーニング…体と心のリラックスおよびサイキング・アップの仕方を覚え、本番で「よい緊張感」がつくれるようにします。

❹集中力のトレーニング…注意を集中する方法、集中を乱されない方法、そして、集中力を持続する方法を体得します。

❺作戦能力のトレーニング…イメージトレーニングを用いて、競技の作戦能力をトレーニングします。

❻メンタルな動きづくり・競技前の心理的準備…心理的競技能力の動きを競技の中で発揮できるようにします。競技前の心理的コンディショニング法を覚えます。

❼本番（競技出場）…競技前の気持ちづくりや本番での注意を考えます。

❽競技後の反省…競技中の心理状態、目標の達成度、実力発揮度を評価します。

以上を要約すると、次のとおりです。

スポーツ選手の「精神力」の具体的内容は、大きく分けると5つ、小さく分類すると12の内容になり、それを「心理的競技能力」と呼びます。そして、メンタルトレーニングでは、これらの心理的競技能力をトレーニングすることにより、実力発揮度を高め、その確率を高い確率で安定することを目的にします。しかも、そのことが結果に結びつくことが大切です。メンタルトレーニングの概要を紹介しました。

第4章

メンタル面の診断をして、自分を知る

人びとの性格を診断するために、心理学の専門家がいろいろな心理検査を開発してきました。スポーツ選手に対しても、長い間これらの心理検査が利用されてきました。しかし、最近ではスポーツ選手がもつ特有の傾向を診断する必要があることが指摘され、スポーツ選手を対象とした心理検査が作られるようになりました。スポーツ選手の心理的特徴をみるためには、一般的に心理検査による方法やスポーツ指導者の診断による方法などが行われています。ここでは、スポーツ選手が使用している心理検査には、どのようなものがあるかを紹介します。

1――心理的な特性をみる検査

メンタル面で強くなるためには、まず自分を知らなければなりません。したがってメンタル面を診断することが、メンタルトレーニングのスタートになります。ここでは、まず心理検査の中で、その人がもっている一般的で、あまり変化しにくい心理的「特性」をみる検査を紹介します。

(1) 心理的競技能力診断検査（徳永ら、DIPCA.3）

筆者の考える「精神力」の内容が明確になったので、個々のスポーツ選手の心理的競技能力を診断する方法を考えました。

その名前は「心理的競技能力診断検査（DIPCA 中学生～成人用）」です。中学生から成人まで使用でき、その場で容易に診断できる検査用紙として作成しました。DIPCA（ディプカ）は Diagnostic Inventory of Psychological-Competitive Ability for Athletes の略で、改良を重ねて、現在はDIPCA.3（ディプカ・スリー）となっています。尺度別結果を円グラフで描けるようになっており（**図7**）、高得点で大きな円に近い形になること

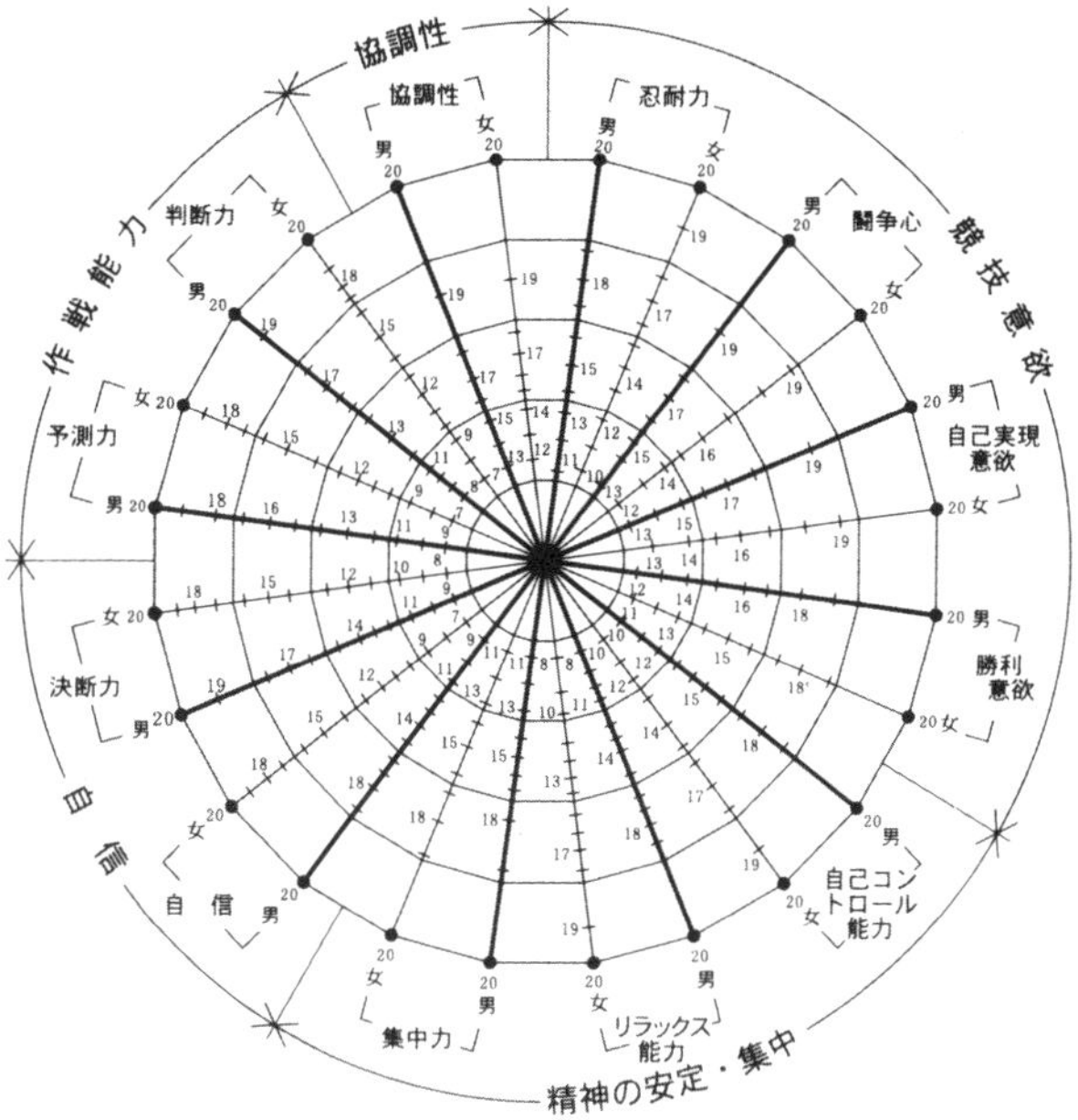

図7　心理的競技能力診断検査の尺度別プロフィール

が望ましく、得点の低い内容は高める努力をしてほしいことを意味しています。このようなプロフィールは自分で描くことができ、自分で採点・評価できるように工夫されています。

1年に1～2回程度、実施するのが望ましいと思っています。

また、心理的競技能力診断検査は質問数が多く、時間がかかるため、簡単な検査ができる

表2　心理的競技能力診断検査の簡易版と判定基準

1. 忍耐力 ………………………… □
2. 闘争心 ………………………… □
3. 自己実現意欲 ……………… □
4. 勝利意欲 ……………………… □
5. 自己コントロール能力 …… □
6. リラックス能力 …………… □
7. 集中力 ………………………… □
8. 自信 …………………………… □
9. 決断力 ………………………… □
10. 予測力 ………………………… □
11. 判断力 ………………………… □
12. 協調性 ………………………… □

合計点□

答え方：
1. まったくない　2. あまりない
3. どちらともいえない　4. かなりある
5. 非常にある

	A	B	C	D	E
男子	53以上	52-47	46-42	41-36	35以下
女子	51以上	50-45	44-39	38-33	32以下

ように、簡易版を作成しました。**表2**は簡易版とその判定基準を示したものです。

こうした研究から、競技成績や競技レベルが高い選手、そして経験年数が長い選手ほど、すべての尺度で高得点を示し、特に「自信」、「決断力」、次に「予測力」、「判断力」が高いことなどが明らかにされています。

(2) 特性不安テスト(TAI)

スピルバーガー(Spielberger,C.D.)らによって作成され、一般的に不安になりやすいか否かを診断できます。質問数は20項目です。

(3) 体協競技動機テスト(TSMI)

スポーツ選手の目標への挑戦、技術向上意欲、困難の克服、勝利志向性、失敗不安、緊張性不安、冷静な判断、精神的強靭さなどの17項目を診断できます。質問数は146項目です。

(4) 競技特性不安検査(SCAT)

マーテンズ(Martens,R.)らによって作成され、競技場面で不安になりやすいか否かを診断できます。質問数は15項目です。

(5) 矢田部・ギルフォード性格検査（Y－G性格検査）

一般的な性格特性として、抑うつ性、回帰性傾向、劣等感、神経質、客観性、協調性、攻撃性、一般的活動性、のんきさ、思考的外向、支配性、社会的外向の12の特性を診断できます。質問数は中学生～一般成人用が１２０項目です。小学生用は96項目です。

(6) その他

ＭＭＰＩ（ミネソタ多面人格目録）、ＣＰＩ（カリフォルニア人格目録）、ＭＰＩ（モーズレイ性格検査）、ロールシャッハ・テスト（インクブロット検査）、バウム・テスト（樹木描画法）、ＴＡＴ（集団絵画統覚法）、Ｐ－Ｆスタディ（絵画欲求不満テスト）、タイプA行動診断検査（ＪＡＳ）、内田クレペリン精神検査（ＵＫ法）、東大式エゴグラム（ＴＥＧ）などがあります。

2――競技前の心理状態をみる検査

競技前になると、心理状態が変化します。次に紹介するのは競技前にどのような心理的な「状態」になっているかをみる検査です。

(1) 試合前の心理状態診断検査（徳永、DIPS－B．1）

スポーツ選手は、次の競技に向けて心理的に準備をしておく必要があります。それをチェックするには、競技前1か月から1日前くらいの期間に実施できる方法が必要です。そのために、競技前の心理状態を診断する方法を作成しました。質問項目は心理的競技能力診断検査の12尺度に関連する20問です。統計的分析の結果から、忍耐度、闘争心、自己実現意欲、勝利意欲、リラックス度、集中度、自信、作戦思考度、協調度の9尺度が得られました。

この検査も中学生から成人まで使用できるように作成しました。名前は「試合前の心理状態診断検査（DIPS－B．1）」です。DIPS－B．1（ディプス・ビー・ワン）は、Diagnostic Inventory of Psychological State Before Competition の略です。つまり、競技前の心理的準備としては、前述の9項目のような内容を高めることが必要ということです。た

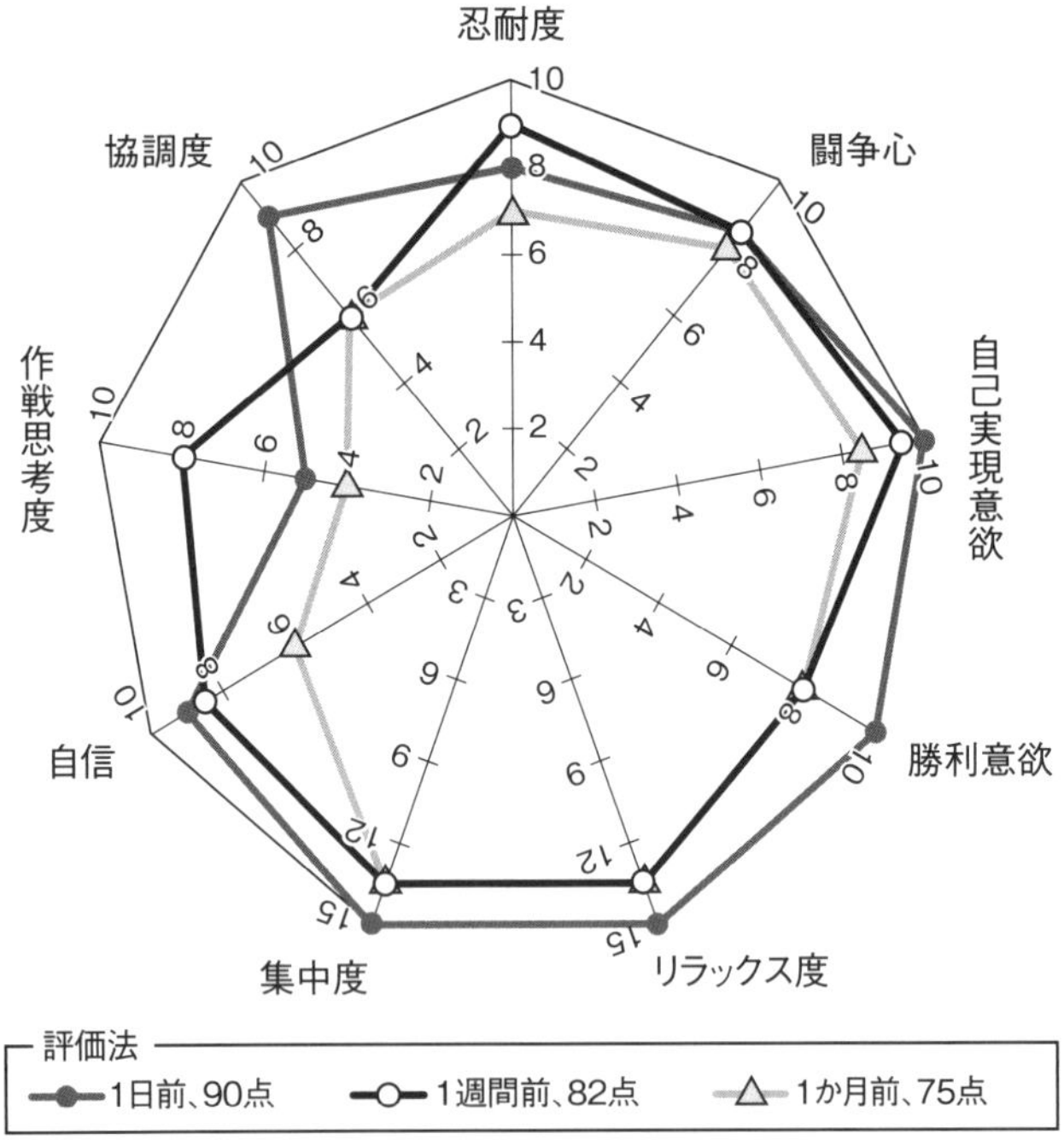

図８　試合前の心理状態診断検査の尺度別プロフィール

だ、検査実施日が競技のどのくらい前かによって得点も異なります。次頁の**図8**は採点結果を円グラフにしたものです。大きな円に近い形になれば、試合前の心理的コンディショニングがうまくできていることを示します。得点の低い内容を高得点になるように努力します。このようなプロフィールは自分で描くことができ、採点・評価することもできます。

(2) 競技状態不安検査(CSAI－2)

マーテンズ(Martens,R.)らによって作成され、現在の不安状態を診断できます。質問数は20項目です。

(3) 気分プロフィール尺度(POMS)

過去1週間の気分の状態を、緊張、抑うつ、怒り、活動性、疲労、情緒混乱の6尺度から診断できます。質問数は65項目です。

(4) 心理的コンディショニング診断テスト(PCI)

競技前の心理状態を、一般的活気、技術効力感、闘志、期待認知、情緒的安定感、競技失

敗不安、疲労感の7尺度から診断できます。質問数は59項目です。

(5) 状態不安調査（SAI）

スピルバーガー(Spielberger,C.D)らによって作成され、現在の不安状態を診断できます。質問数は20項目です。

3——競技中の心理状態をみる検査

実際の競技（パフォーマンス）中にどのような心理状態であったかを知ることも大切です。競技中をみる検査法は数が少ないので、研究者が指摘する「望ましい心理状態」を(2)に示しました。

(1) 試合中の心理状態診断検査（徳永、DIPS－D.2）

この検査は競技直後に実施する必要があるので、簡単なものが良いことになります。そこで、「特性」として調べた12尺度の内容を、さらに10項目の簡単なものにしました。採点結

表3　試合中の心理状態診断検査の質問と判定基準

競技中の心理状態を試合直後にチェックする

次の質問に5段階の回答を□の中に試合を思い出しながら記入する。答えは、1（まったくそうではなかった）、2（あまりそうではなかった）、3（どちらといえない）、4（かなりそうであった）、5（そのとおりであった）である。

① 試合で忍耐力を発揮できた ……	□	
② 試合では闘争心（闘志、ファイト、積極性）があった ……	□	
③ 自分の目標を達成する気持ちで試合ができた ……	□	合計点
④「絶対に勝つ」という気持ちで試合ができた……	□	（　　）
⑤ 自分を失うことなく、いつものプレイができた……	□	
⑥ 緊張しすぎることなく、適度にリラックスして試合ができた……	□	
⑦ 集中力を発揮できた ……	□	判　定
⑧ 自信をもって試合ができた ……	□	（　　）
⑨ 試合での作戦や状況判断がうまくいった ……	□	
⑩ 試合では仲間と声をかけたり、励ましあったり、協力して試合ができた…	□	

記入が終わったら、合計点を出す。判定はA（47点以上）、B（46〜43点）、C（42〜37点）、D（36〜33点）、E（32点以下）であり、自分の得点の判定を出す。Aに近いほど望ましい心理状態ができたことを示し、そのことが実力発揮度に影響する。

果は50点満点です。その名前は、「試合中の心理状態診断検査（DIPS－D.2）です。DIPS－D.2（ディプス・ディ・ツー）はDiagnostic Inventory of Psychological State during in Competitionの略です。

表3は試合中の心理状態を診断する質問と判定基準を示したものです。50点に近づくほど良いことになります。この得点が高いほど実力発揮度の評価も高く、低いほど実力発揮度も低いことが分かっています。試合直後から30分～1時間以内に実施するのが望ましいでしょう。できれば、どの試合でも実施したいものです。

(2) 研究者が指摘する「望ましい心理状態」

●レーア（Loehr,J.E.）

12の理想の心理状態として、①筋肉がリラックスする、②プレッシャーがない、③やる気がある、④うまくいくような気がする、⑤心が落ち着いている、⑥プレイが楽しい、⑦無理がない、⑧無心にプレイしている、⑨敏感に動ける、⑩自信がある、⑪集中力がある、⑫自分をコントロールできる、を示しています。

◎ガーフィールド（Garfield,C.H.）

8つのピーク・パフォーマンス・フィーリングとして、①精神的にリラックスしている、②身体的にリラックスしている、③自信、④楽観性、⑤今ここへ集中、⑥精神力、⑦高度な意識性、⑧コクーンの状態、を示しています。

◎マイクス（Mikes,J.）

バスケットボール選手に求める要素として、集中、冷静さ、自信を示しています。

◎ワインバーグ（Weinberg,R.S.）

テニス選手の8つの理想の心理状態として、自信、集中力、身体的リラックスなど、を示しています。

◎グラハム（Graham,D.）

ゴルフ選手がゾーンに入るのに必要な11項目として、沈着冷静、肉体的リラクセーション、恐れのない心など、を示しています。

このように、理想と考える内容は研究者やスポーツ種目などによって異なっているところと共通しているところがあります。自分が行っているスポーツに取り入れられるものもあるのではないでしょうか。

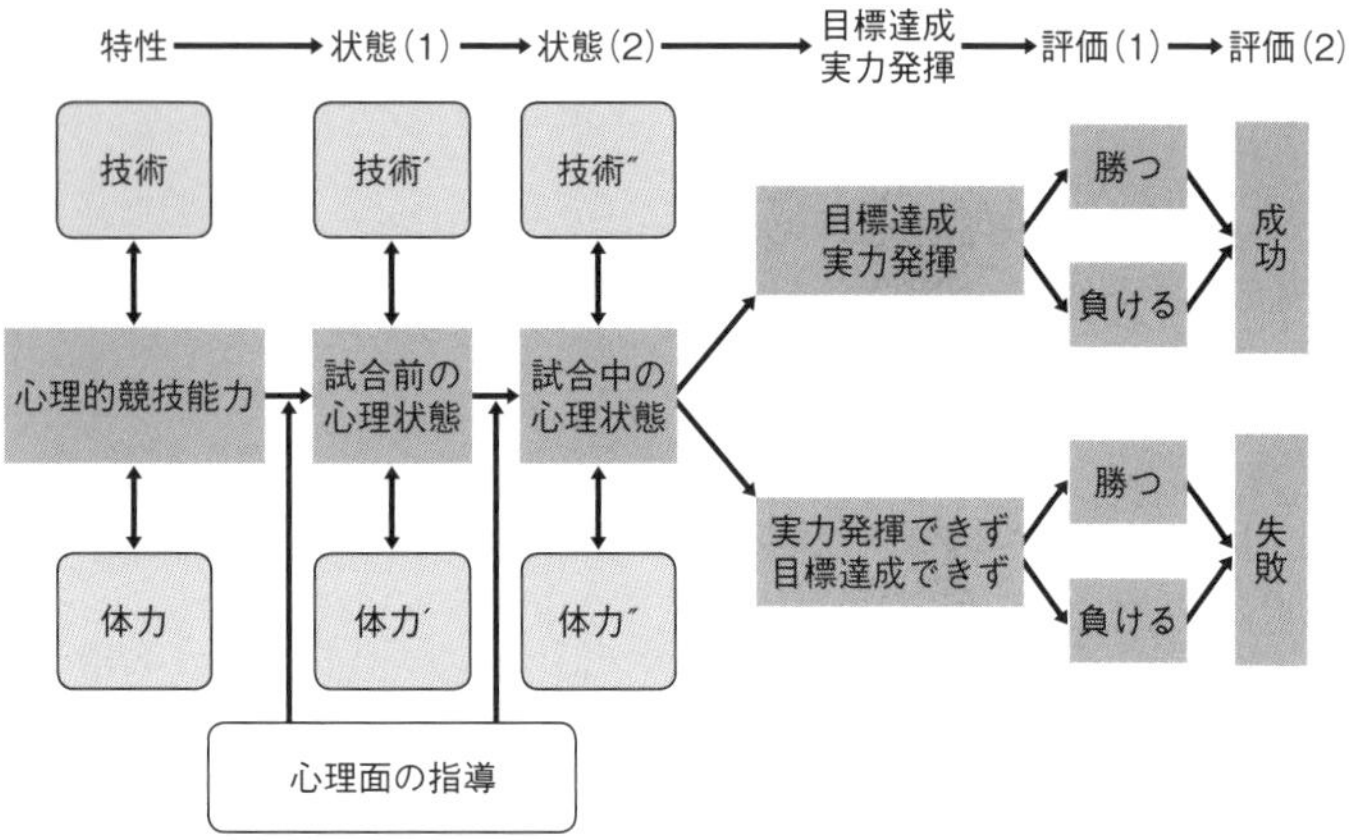

図9　「特性－状態」－「目標達成・実力発揮」－「評価」の３つの評価尺度の関係

4──メンタル面の評価とパフォーマンスの関係

図9は、これまでの研究によって分析されて、明らかにされたものです。「特性－状態」－「目標達成・実力発揮」－「評価」の3つの検査間の関係を示しました。この図で大切なことは、次の3点をあげることができます。

第1は、「目標達成・実力発揮」には「試合中の心理状態」が顕著に関係しているということです。そして、実力発揮・目標達成ができれば、競技に勝っても負けても「成功」と評価し、逆に、目標達成・実力発揮ができなければ、競技に勝っても「失敗」と評価します。競技では「成功」を重ねることが重要であることを示しています。

第2は、「試合中の心理状態」には「試合前の心理状態」や「心理的競技能力」が関係し、「試合前の心理状態」には「心理的競技能力」が関係しているということです。このことは、心理的競技能力が高い人は、競技前の心理状態がうまく高められ、競技前の心理状態がうまく高められれば、競技中の心理状態がよくなることを示しています。つまり、競技中の心理状態がよくなれば、目標達成や実力発揮度が高くなるということを意味しています。

第3は、3つの診断検査の相互分析から、「特性」と「状態」には顕著な関係がみられ、「特性」としての心理的競技能力を高めていくことが、「実力発揮」や「成功」につながるということです。そして、心理的競技能力の診断や競技前の心理状態を診断した後に、心理面の指導を行うことによって、競技中の心理状態を望ましい状態にできることを意味しています。

これらの結果から、**メンタル面で強くなるためには、まず自分を知るために適切な心理検査を選び、診断することが大切**です。次に、ＤＩＰＣＡ．３などで自分の長所や短所を明らかにし、まずはその短所を高めていけばよいのです。そうすれば試合での実力発揮度が少しずつ向上することなどを意味しています。

以上を要約すると、次のとおりです。

スポーツ選手のメンタル面を診断するには、心理的特性をみる検査、競技前の心理状態をみる検査、競技中の心理状態をみる検査の3種類があります。検査を使用する時は、目的に沿って使い分けしなければなりません。この3種類の検査間の関係を分析した結果、特性としてのメンタルが、パフォーマンスの発揮に重要な関係があることが明らかになりました。特性検査を実施することにより、メンタル面で何が欠けているかを明らかにし、行動を直すきっかけにすることが大切です。

第5章

やる気を高める

スポーツの試合で良い成績をおさめるには、選手の強い「やる気」が必要です。また、苦しい練習や大切な試合でも、選手の「やる気」の強さが、勝敗を左右するということが知られています。本章では、「やる気」とは何か、スポーツは何のためにするのか、どのようにして「やる気」を高めるのかについて紹介します。さらに、「やる気」は心理的競技能力の忍耐力、闘争心、自己実現意欲、勝利意欲を構成していることから、これらの動きづくりは、どのようにしたら良いかを考えます。

1——やる気とは

「やる気」は日常的によく使われる言葉です。一般的に「やる気」のある人とは、誰からも強制されなくても、自分から進んで、積極的で意欲的に、何かに取り組んでいる人のことを言うのではないでしょうか。心理学的な専門用語としては「動機づけ」「達成動機」という言葉があります。心理学事典によると動機づけ（Motivation：モチベーション）は「行動を一定の目標に向けて発動させ推進し、持続させる過程」であり、達成動機（Achievement motive）は「ある優れた基準をたてて、その基準を完遂しようとする動機をいう」と述べられています。すなわち、「やる気」を高めるということは、動機づけをする、達成動機づけをする、などとほぼ同じ意味として考えて良いと思います。

スポーツでは、高い目標をもつことが必要であり、強制されなくても、辛い練習や困難な障害に打ち克ち、自主的でファイトがあり、積極的で、目標を実現させるために意欲に満ちていることが大切です。つまり、「やる気」とは、「高い目標をかかげ、苦しいことや辛いことに打ち克ち、自分から進んで、目標を成し遂げようとする意欲」と定義できます。

2――スポーツは何のためにするのか

「やる気」を高めるには、まず、何のためにスポーツをしているかを確認しておくことが必要でしょう。「あなたは、何のためにスポーツをしていますか」と質問すると、「楽しいから」「好きだから」「優勝したいから」といった抽象的な内容が返ってくることが多くあります。

そこで、筆者は運動・スポーツでは、どんなことをするのが楽しいのかを分析しました。結果は、「観戦・応援」「レクリエーション」「運動欲求（体を動かし、満足感を得る）充足」「人間関係の向上」「競争・スリル感の体験」「可能性への挑戦」などに分類できました。そして、「観戦・応援」を低次の楽しさとし、「可能性への挑戦」を高次の楽しさとすると、高次の楽しさを追求する人ほど、技術・体力・心理面のレベルが高く、練習量やスポーツの実施程度が多いことが明らかになりました（徳永１９８０）。

一方、米国の心理学者マスロー（Maslow, A.H.）は人間には5つの欲求の階層があるとし、「生理的欲求」「安全の欲求」「愛情・集団所属の欲求」「尊敬・承認の欲求」「自己実現の欲求」まで、低次の欲求から高次の欲求があることを「欲求階層説」として説明しています。

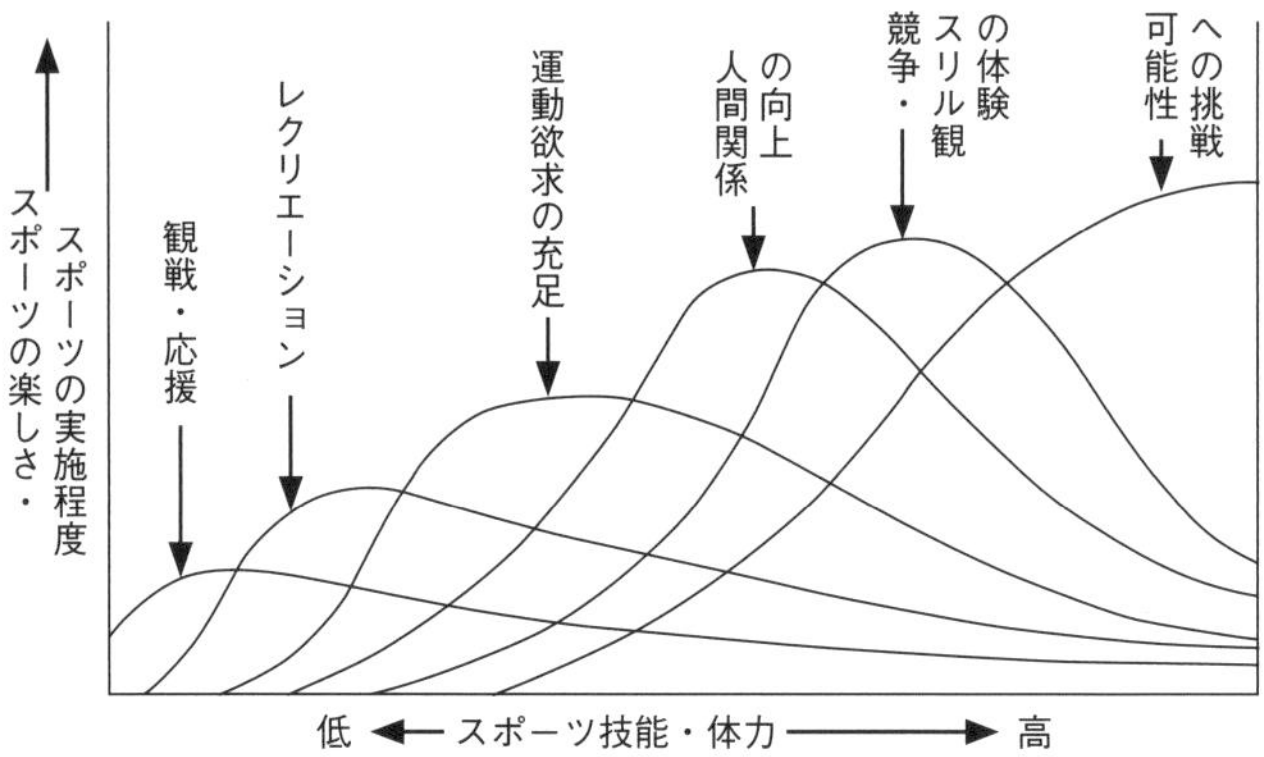

図10　スポーツの技能・体力と楽しさ・実施程度の関係
[徳永（1981）:「心理的な運動処方が忘れられていないか」指導者のためのスポーツジャーナル、37巻]

スポーツ選手が「優勝したい」「金メダルを取りたい」と言うのは、そのことによって他の人から尊敬されたり、認められたりしたいという欲求であるから、「尊敬・承認の欲求」ということになります。また同じスポーツ選手でも、勝つことや優勝することは大切と思っているが、それでも勝ち負けにこだわらずに、自分の可能性や限界に挑戦することを目的にしている人は、人間として最高の欲求である「自己実現の欲求」を追求していることになります。自己実現のためにスポーツを行うことは大切なことだと思います。

　スポーツの楽しさを欲求階層にあわせると、**図10**のようになります。縦軸にスポーツの楽しさ・スポーツの実施程度をおき、横軸にスポーツ技能・体力をおいています。つまり、スポーツ技能・体力が高くなれば、可能性への挑戦が高くなり、スポーツの実施程度も多くなることを意味しています。逆にスポーツ技能・体力が低い人は、レクリエーションや観戦・応援が楽しく、実施程度も少なくなります。スポーツの何に楽しさをもつかが、やる気に関係していることになります。技能や体力を高めながら楽しさの内容を高次の内容に変えていくことが重要だと思います。

3――やる気を高める方法

一般的な「やる気」を高める方法は、いろいろ報告されていますが、特にスポーツでは、次の項目をあげることができます。

①年間・各競技における結果およびプレイ（技術・体力・心理）の目標を設定する。
②目標達成のための練習方法を自分で作成する。
③自分の個性を生かし、褒めたり、注意をしたりする。
④現在の技術・体力・心理のレベルを知る。
⑤トップ選手、優れた選手などの見本になる人を見る。

⑥ライバルや意欲の高い仲間をつくる。
⑦適度に試合に出場する。
⑧「勝つこと」「優勝する」ことを体験する。
⑨試合結果は「成功」「失敗」で評価する。
⑩試合ごとに反省し、目標や練習方法を修正する。

4――やる気と心理的競技能力

章の冒頭でふれましたが、スポーツ選手の「やる気」は、心理的競技能力の中の競技意欲に分類される「忍耐力」「闘争心」「自己実現意欲」「勝利意欲」で構成されています。その意味について考えてみましょう。

(1) 忍耐力

試合や練習では身体的苦しさに耐える力が必要です。特に競り合っている時、調子の悪い時、負けている時、痛みがある時などの忍耐力の差は勝敗を左右する重要な能力となります。

また、一方でスポーツ集団での人間関係のトラブルに対する忍耐力も必要です。

なぜ、「耐えなければならないのか」を理解し、納得しておかなければなりません。そのためには、価値ある目標が必要になります。耐えることを要求する前に、何のために耐えるのかを理解させておかなければなりません。自分の中でスポーツの価値が高く、また目標が明確に設定されていることが、大きな忍耐力を発揮することになります。

(2) 闘争心

試合は身体的に闘うだけでなく、心の戦いでもあります。競技場のネット、ライン、コースなどを挟んでお互いの闘志、ファイト、積極性といった闘争心が必要になります。相手が強すぎる時や大きな試合・重要な試合では、弱気にならず、積極的で攻撃的な気持ちをもつことが大切です。

(3) 自己実現意欲

試合では単に勝ち負けという結果に対する目標だけでなく、技術面、体力面、心理面からプレイに対する目標を立て、参加することが大切です。試合に負けても、目標が達成できれば「成功」と評価します。勝敗は他人との比較ですが、プレイに対する目標は自分の中での成長を確認するものであり、目標達成への意欲、実力発揮への意欲、可能性への挑戦といった自己実現意欲をもつことが大切です。

(4) 勝利意欲

試合では「勝つ！」と思わないと勝てません。また、「勝つ」ことを目標に、苦しい練習を乗り越えることにもなります。しかし、「勝ちたい！」と思いすぎると、プレッシャーになって実力発揮ができなくなります。したがって、練習や試合の直前までは、優勝や勝つことを目標に練習しますが、本番になったら、「これまで練習してきたことをすれば良い。自分のプレイをするのだ！」と考えるのが良いと思います。その一方で勝負どころや接戦になったら、「絶対に勝つのだ！」という強い意欲が必要になります。

5——「忍耐力」「闘争心」「自己実現意欲」「勝利意欲」の動きづくり

既に述べてきたように「やる気」は、心理的競技能力の中で分類される「忍耐力」「闘争心」「自己実現意欲」「勝利意欲」に関係しています。試合場面で忍耐力、闘争心、自己実現意欲、そして勝利意欲のある動きとは、どのような動きがあることでしょうか。スポーツ選手の一般的に代表される動きとしては、次のような動きがあることです。

最初に、忍耐力のある動きとは、苦しい場面でもがまん強く試合ができる、忍耐力を発揮できる、ねばり強い試合ができる、身体的苦痛や疲労に耐えることができる、などがあることです。

次に、闘争心がある動きとは、試合になると闘志がわく、大試合になるほど闘志がわく、相手が強いほどファイトがわく、大事な試合ほど精神的に燃えてくる、などがあることです。

自己実現意欲のある動きとは、自分の可能性に挑戦する気持ちで試合をしている、「自分のために頑張るのだ」という気持ちで試合をしている、自分なりの目標をもって試合をしている、自分なりの「やる気」がある、などがあることです。

そして、勝利意欲のある動きとは、試合には「絶対に負けられない」と思っている、試合には「絶対に勝ちたい」と思っている、試合で負けると必要以上にくやしがる、試合内容より勝つことを第一にしている、などがあることです。

ここでは、テニス選手に必要な忍耐力、闘争心、自己実現意欲、勝利意欲の動きづくりを紹介します。自分が行っているスポーツについて、あてはめて考えてみてください。表情、態度、動き、行動として発揮できるようにしましょう。

テニス選手の場合

(1) 忍耐力のある動き

❶特徴的な動き…負け始めても諦めていない。苦しい場面でも何とか返球しようとしている。自分からミスしない。接戦になってもくずれない。最後の1球まで追いかけている。

❷自然環境について…雨でボールが重たくなってもミスしない。風・太陽の光線の影響でミスしない。どんなに暑くても相手より先にミスしない。

❸相手について…相手より1本でも多く返球する。強いボールでもコントロールして返球する。

❹苦しい状況について…取れそうにないボールでも拾いにいく。苦しい状況でも投げ出さない。最後の一球まで諦めずに拾いにいく。マイナス状況でも気持ちが切れない。諦め

ずに全力を出す。最後まで足を動かす。負けていても最後のポイントまで諦めない。同じことを何度も正しく行う。

(2) 闘争心のある動き

❶特徴的な動き…「やるぞ」という気持ちが伝わってくる。失点したらすぐ取り返そうとしている。積極的、攻撃的にプレイしている。手足をよく動かしている。顔が下を向いていない。

❷気合いについて…ポイントを取ったら気合いを入れる。声を出して打つ。良いプレイ・納得のいくプレイではガッツポーズをする。

❸セルフトークの方法…「勝つぞ、勝つぞ」と何度も言う。勝つ意識を相手にぶつける。「負けないぞ」と自分に言い聞かせる。

❹動作について…胸を張って堂々と相手に向かう。積極的にしかける。自分からポイントを取りにいく姿勢をくずさない。ボールを最後までよく追いかける。

❺相手を見ることについて…相手の目をジッと見る。笑わないで厳しい顔つきをする。視線を上げて相手を見る。相手の嫌な部分を探してジッと見る。

(3) 自己実現意欲のある動き

❶特徴的な動き…目標達成について、あと何点と目標を達成しようとしている。

❷目標達成について…目標をどう実現するかを考える。「ベスト8」や「第1シード」を破るといった目標をつくる。前の試合より多くゲームを取ることを考える。大会前に目標を立て達成しようとする。自分のなりたい形や表彰台を頭で想像する。格上の相手に対して長く試合をしようとする。

❸動作について…技術は目標回数を決めて達成するまで行う。自分のプレイスタイルを最後まで通す。練習してきたパターンで勝とうとしている。ミス・ショットを何度も練習する。ネットに出て何本エースを取るかを決めて行う。1球1球を振り切ることを考える。

❹集中について…1本に集中し失点しても、次に集中する。この1本は必ずポイントを取ると考える。1ポイント先にリードする。最後のポイントは必ず取る。何球でも返球すると考えて返球する。

(4) 勝利意欲のある動き

❶特徴的な動き…接戦になったら何が何でも頑張ろうとしている。勝つための戦術で戦っている。ミスをしないようにしている。

❷勝つことについて…接戦に勝つ。勝ったイメージを強くもつ。ベストを尽くせば勝ちはついてくると考える。リードされても最後まで攻撃する。最後の最後までベストを尽くす。どんな試合でも勝とうと努力する。劣勢になっても、気持ちを切り換えて頑張る。

❸諦めないことについて…ボールを諦めずに全力で追う。相手より1球でも多く打ち負けたくないと考える。最後の1球まで諦めない。デュースになれば必ず勝ちをとる。負けていても最後のチャンスまで戦い続ける。大切なポイントで、コート上を走りまわる。

❹動作について…勝っている時はチェンジコート、ボール拾いを素早く行う。相手の弱点をみつける。自分の勝っている時はそのペースを変えない。

以上を要約すると、次のとおりです。

「やる気」とは、「高い目標をかかげ、苦しいことや辛いことに打ち克ち、自分から進んで、目標を成し遂げようとする意欲」です。スポーツ選手にとって勝つことや優勝することは確かに大切です。しかし、これはあくまでも他人との比較の結果です。それも大切ですが、自分の可能性や限界に挑戦することを目的にすることは、人間として最高の自己実現の欲求を追求することになります。

「やる気」を構成する心理的競技能力の「忍耐力」「闘争心」「自己実現意欲」「勝利意欲」の動きづくりを示しました。どの動きも行動で示せるようになることが大切です。

第6章

よい緊張感をつくる

試合場面では、その競技に応じて「よい緊張感」をつくることが必要です。

緊張感の度合いが高すぎる時はリラックス(Relaxation)し、低すぎる時はサイキング・アップ(Psyching up:感情の高揚、またはアクティヴェーション、Activation:活性化)しなければなりません。そして、それをうまく自己コントロール(管理)することが必要です。本章では、どのようにすれば「よい緊張感」の動きづくりができるかを紹介します。

1──よい緊張感とは

緊張はスポーツに必要なのでしょうか。かつて、緊張は「駄目」、緊張しないのが「良い」と言われました。しかし、現在では、スポーツに緊張は必要なものと考えられています。では、「よい緊張感」とはどんなものなのでしょうか。試合になると誰でも緊張しますが、その緊張の度合いが問題です。手足がガチガチになって、今まで練習してきたことが、本番でまったく発揮できないようでは困ります。それとは逆に試合になっても全然緊張しないというのでも優れたパフォーマンスは発揮できません。それを分かりやすく示したのが**図11**です。**図11**はスポーツ選手の心理（緊張度）と実力発揮度の関係を示しています。横軸が心理状態（緊張度）の程度で、縦軸は実力発揮度を示しています。緊張度と実力発揮度の関係はU字の逆を示しているので、逆U字曲線の関係にあると言われています。すなわち、**緊張度は高すぎても低すぎても実力発揮度は低く、本人にとって最適な緊張度（ゾーン：zone）の時が最も優れた実力発揮度が得られる**ことを示しています。したがって、緊張しすぎたらリラックス、緊張が低すぎたらサイキング・アップのスキルを使って「よい緊張感」をつくることが必要となります。どのくらい緊張した時に、最も良い結果が出るかは、スポーツ種目

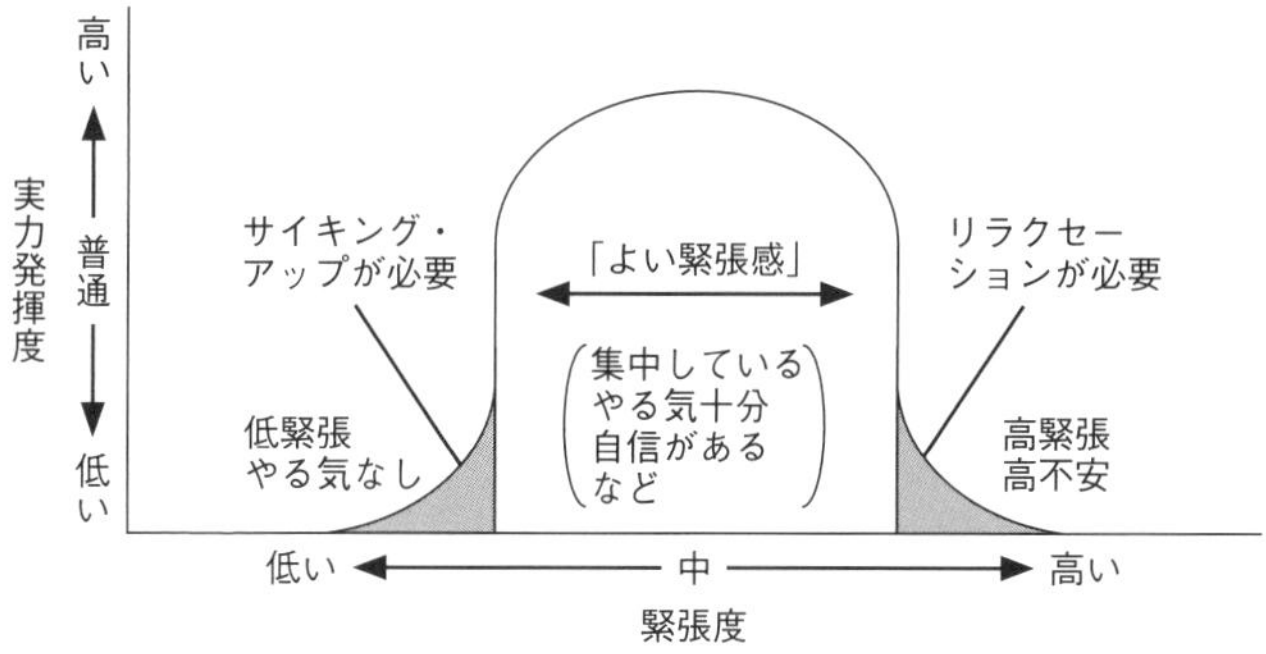

図11　選手の心理（緊張度）と実力発揮度の関係

や個人によっても違うため、自分の過去の体験から「最も良い結果」や「成功」と思われる時の緊張度を確認し、それに近づけるようにするのが良いと思います。

2——なぜ緊張するのか

まず、なぜ緊張するのかについて理解しておくことが必要です。答えを次頁の**図12**に示しました。

ストレッサーとしての「試合」を本人がどのように考えるか（認知的評価）によって緊張の度合いが異なります。「勝ちたい」とか「失敗したら恥かしい」「負けられない」などを考えると緊張します。この認知の仕方が緊張の度合いを変えることになります。緊張というのは大脳皮質の認知の仕方にもとづき、人間の感

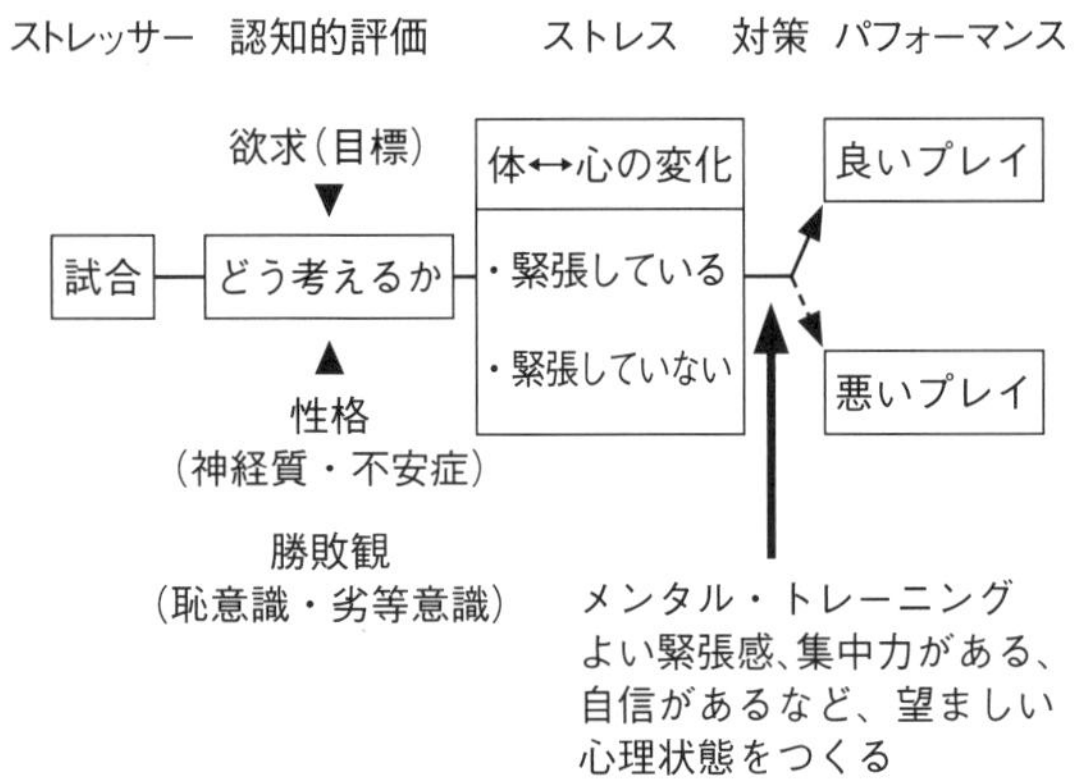

図12　試合への認知的評価とストレスおよびパフォーマンスの関係

情をつかさどる間脳の視床下部が興奮して、交感神経を刺激し、アドレナリンなどのホルモン分泌をともない、心臓がドキドキしたり、筋肉が硬くなったり、様々な生体の諸機能に影響を与えている状態です。つまり、緊張は、競技に対する認知の仕方によって心の状態が変化し、それにともなって生体が変化している状態と言うことができます。この認知の仕方に関係するものとして、本人の欲求（目標）があります。「試合に勝つ」ことによって、他の人から認められたい、承認されたい、尊敬されたいといった欲求は、前述したマスローの欲求階層の「承認や尊敬の欲求」にあたります（48頁の**図10**参照）。こうした承認・尊敬されたいという欲求が強すぎると、緊張度は高くなります。「勝ちたい」という欲求が「自分のベストを発揮する」「可能性に挑戦する」という欲求に変わる時、緊張度は抑制されます。

緊張するもう1つの原因には、認知の仕方に関係する本人がもっている性格があります。物事を神経質に考える人、何かと不安になりやすい人、失敗を恐れる人、あがりやすい人は、認知の仕方が変わってきます。認知の仕方には、この他に勝敗観なども関係し、個人差が生まれてきます。

以上のことから、**「よい緊張感」をつくるためには、既に緊張している体の状態を変える「体のリラックス」と、緊張しないように認知の仕方を変える「心のリラックス」が必要となります。さらに、緊張が低すぎると「サイキング・アップ」が必要になり、「リラックス」と「サイキング・アップ」をうまく切り換え、いつものプレイができるように自己コントロール（管理）することが必要**になります。

それでは、「体のリラックス」と「心のリラックス」についてみていきましょう。

3——体のリラックス

体のリラックス法を簡単に言えば、緊張した時に生ずる生体反応の逆のことをすれば良いということです。例えば、呼吸が速くなれば呼吸をゆっくりすれば良いし、心拍数が増えたら減らせば良いわけです。そのための方法として深呼吸、緊張とリラックスの繰り返し、手足を温かくする、額を涼しくする方法などがあります。

(1) 呼吸をゆっくりする

緊張すると呼吸が速くなりパフォーマンスが乱れるので、呼吸をゆっくりする深呼吸が効果的です。息を吸い込む時に4秒間、次に息を4秒間くらい止める。そして、8秒間でゆっくり長く吐き出す。つまり「4－4－8」拍子で行います。さらに息を吸い込む時に腹をふくらませ、少し全身に力を入れます。そして、息を出す時は腹をひっこませながら、全身の力を抜く（腹式呼吸）という方法が良いと思います。難しくなく、誰にでもできるのでおすすめです。プレイが途切れることがあるスポーツ、例えば野球、バレーボール、テニスなどは、プレイの間に呼吸法を取り入れやすいと思います。

(2) 筋肉の緊張とリラックスを繰り返す

緊張すると筋肉が硬くなるので、柔らかくします。これはアメリカのジェイコブソン(Jacobson,E.)が考案した「漸進的リラクセーション法」と言われる方法です。筋弛緩法とも言われています。顔、肩、腕、腹、脚、そして全身に、力を入れたり、抜いたりして、それぞれの部分のリラックス感を覚えます。特にスポーツ選手は緊張すると肩や顔に力が入りやすいので、肩や顔のリラックスを覚えておくと良いでしょう。また、競技会場によって、いつも同じ状況で行えるとは限らないので、寝た・座った・立った姿勢、人前でなど、いろいろな状況で行うことができるようにすることが必要です。1日に1~2回、全部で5~10分くらい行うと良いでしょう。

(3) 手や足を温かくする

筋肉がリラックスしている体の状態は、手や足の温かさで見ることができ、緊張すると手足の皮膚温が低下するので、温かくします。普通、体温は摂氏36度前後ですが、手の温度(人さし指の先端の皮膚温)はリラックスしている時、摂氏32度以上で、非常にリラックスすると摂氏35度以上と言われています。試合前には自分の手の温かさを確認するのも良いと思います。また、眠たそうにしている子どもの手足が温かくなるのに気がついている人は多いでしょう。

手や足を温かくする方法を、いくつか紹介します。

◉自律訓練法の温感練習

1932年、ドイツの精神医学者シュルツ(Schultz,J.H.)は『自律訓練法』という本を出版しました。この自律訓練法は、静かな場所でゆったりとした姿勢を保ち、受動的な心構え(頑張ってやるぞという能動的な心構えではなく、心をむなしくして、次にくるものを無心に待つ状態)をして、心の中で一定の公式を唱えていきます。そうすると受動的な注意集中が得られ、心身の再体制化(精神的切り換え)が起こるというものです。

姿勢は、**図13**のように閉眼であおむけ・腰かけ・よりかかりのいずれかを用います。練習の1回の時間は初期では30~60秒で、一般的には1~2分とします。1回の練習ごとに調整運動(両腕を3回屈伸する)をして、1~2回深呼吸をして眼をあけて、2回目に進みます。自律訓練法は背景公式と第1~第6公式まであります。

ここでは第2公式(温感練習)で「両腕両足が温かい」の練習をして、手足を温かくする

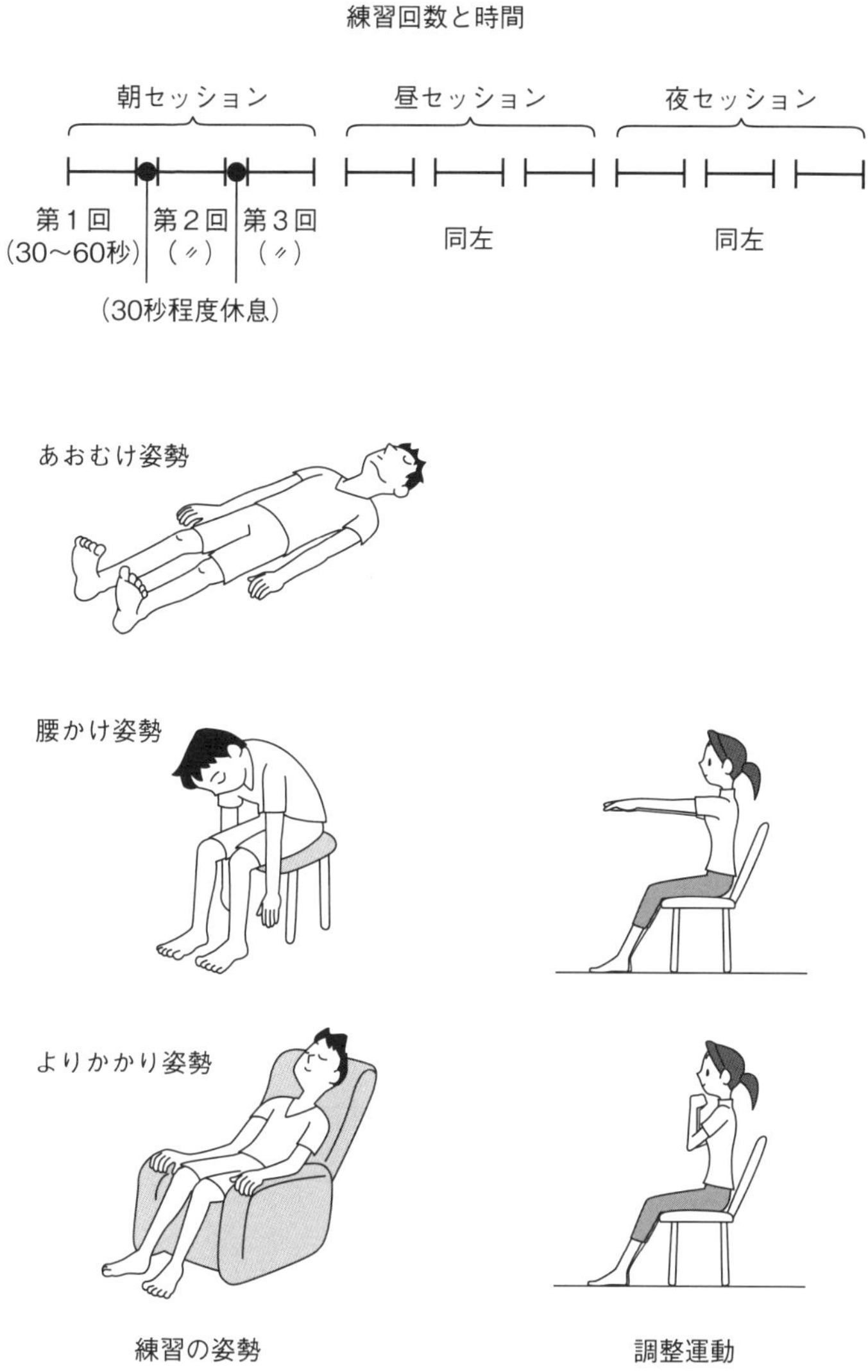

図13　自律訓練法の実際、練習回数と時間および調整運動
［内山（1981）：『心の健康』をもとに作図］

ことを練習してみると良いでしょう。専門家による自律訓練法の講習会等に参加して勉強するのも良いと思います。

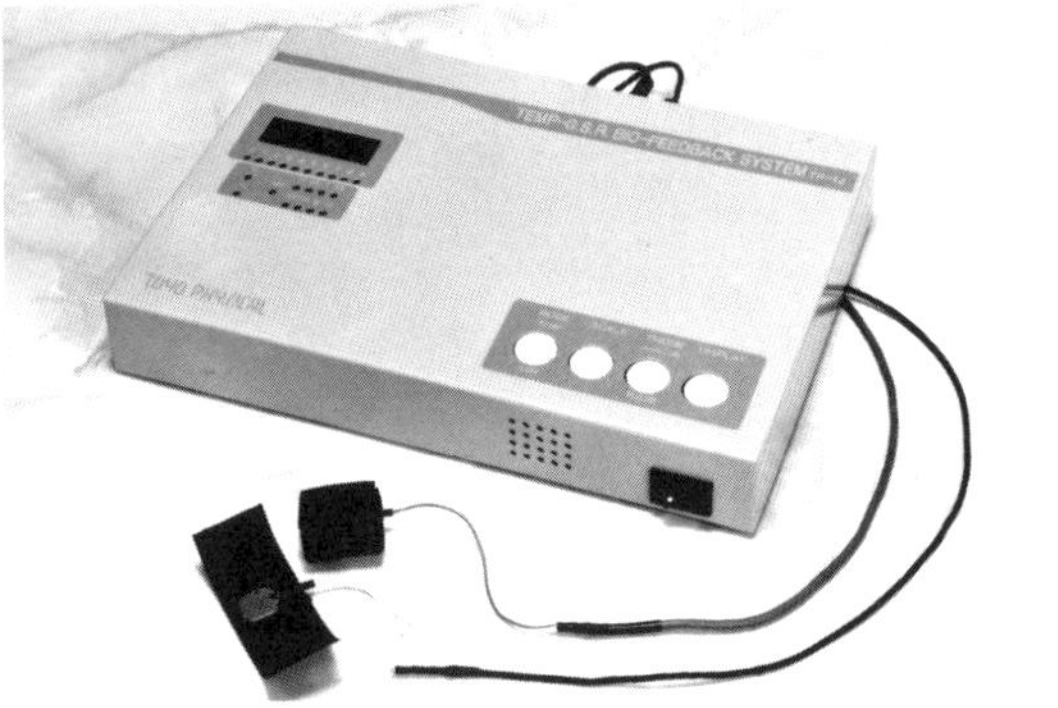

図14　皮膚温バイオフィードバック機器（KK.トーヨーフィジカル製）

◎皮膚温のバイオフィードバック法

緊張すると生体のいろいろな部分が変化します。その変化の状態を音や色などで、客観的に本人に知らせることによってリラックス法をトレーニングするのが、バイオフィードバック法です。

これまで主観的にしか評価できなかったリラックス状態を客観的に音や光、そして数量的に知ることができることが最大の利点です。**図14**は皮膚温のバイオフィードバック機器です。手（中指の先端）に温度センサーを接着し手の温度を変えるものです。皮膚の温度を音に変え、リラックスして手の温度が高くなると音が消え、緊張して手の温度が低くなると音が高くなるように作られています。したがって、心を落ち着け、音を低くするか、音を消すトレーニングをして、その要領を覚えれば、手の温度を高くすることができるようになるわけです。

◉柔軟体操、ストレッチング、ランニングなど

試合前や練習前に行う柔軟体操、ストレッチング（静的）、手足を振る、ジャンプ、ランニング、軽い練習などは筋肉を伸ばしたり、縮めたりしながら、血液の循環を良くしているのです。特に体の先端の毛細血管まで十分に血液が流れるようになると、体全体が温かくなります。スポーツ選手は日頃の練習で行っていると思うので、忘れずに必ず実施することが大切です。

(4) 額を涼しくする

緊張すると頭がボーッとなり、また炎天下の試合では頭を氷で冷やさないといけないほど熱くなります。この時、脳の温度が上がりボーッとなると冷静な判断ができなくなります。スポーツ選手はパフォーマンスをする時、頭（額）を涼しい状態にしておくことが大切です。いつも1つの方法ができるとは限らないので、複数の方法をマスターすることをおすすめし

ます。自分に合ったものを覚えてください。その方法はたくさんあるので、いくつかを紹介します。

◎自律訓練法の額涼感練習

自律訓練法の第6公式（額涼感練習）である「額が涼しい」を繰り返しつぶやきながら、涼しい感じを出します。リラックスした姿勢で目を閉じて、「気持ちが落ちついている…額が涼しい…気持ちが落ちついている…額が涼しい…」を1～2分繰り返しつぶやき、額が涼しい状態になるように、練習します。自律訓練法の基本的な行い方は、66頁の温感練習と同じです。

◎顔や額の筋肉の緊張とリラックス

漸進的リラクセーション法で練習した顔や額の筋肉を緊張させたり、リラックスさせたりしてリラックス感を出せば、額は涼しい状態になっています。顔や額の力を抜き、ボーッとした状態をつくる練習をします。

◎脳波のバイオフィードバック

脳波のアルファー波（α波）を出すトレーニング機器が開発されています。額にベルトをして前額にα波が出ると音や色で、本人に知らせてくれるように作られています。α波が出るとリラックスしていると言われ、その時の頭の状態は涼しい状態になっています。

◉軽いランニングなどの運動

軽いランニングや練習などの運動は筋肉のリラックスと同時に頭も涼しくしているはずです。試合前の不安や緊張は軽い運動をすることによって忘れられ、脳の興奮を抑える効果があります。また、健康のために行われているランニングなども体を動かすことによって、スッキリとして、心がリラックスします。

◉顔を洗う、頭から水をかぶる

興奮したら、顔を冷たい水で洗ったり、炎天下の競技では頭から水をかぶったり、氷で冷やしたりしているのは、外部から物理的なもので顔や頭を冷やし、脳の温度を下げているのです。つまり、頭を涼しくしているのです。

4――心のリラックス

前述した体のリラックスは、すでに緊張した筋肉をリラックスさせる方法です。ここでは、筋肉が緊張しないような心（意識）のもち方、心をリラックスさせるにはどうしたら良いかについて考えてみたいと思います。

(1) 目標達成に集中する

試合では自分の目標をどのようにして達成するかを考えます。試合が近づくと誰でも緊張し、不安な気持ちになります。そこで、その程度を和らげることが大切です。練習の時は「優勝するぞ！」とか「ベスト4に入るぞ！」など、勝つことを目標にするのも良いでしょう。しかし、試合前になると、そうした勝ち負けの目標ではなく、自分やチームのプレイに対する目標に集中することが大切です。

例えば、「サービスの確率を上げる」「自分のペースを守る」「思い切りプレイする」「最後まで諦めない」など、技術、心理、体力面でそれぞれの目標をつくります。そして、その目標を達成する方法を考え、そのことに注意を向けます。つまり、勝ち負けばかり考えていると緊張するので、目標達成の方法に意識を集中し、「こうするのだ！」「こうすれば良いのだ」と安心した気持ちで試合を待てば良いのです。

(2) 実力発揮・ベストプレイに集中する

試合では勝ち負けも大事ですが、自分の実力を発揮することは、もっと大切であると考えます。試合前になって勝ち負けを心配して、いろいろ考えるよりも、自分の実力を発揮すれば、結果はどうであれ、それで良いのだという考えです。「自分のベストプレイをすれば良い」「自分の力を出し切れば良い」「出し切るぞ！」と考え、勝敗意識から生まれる不安感を忘れるようにします。当然のことながら、いくら頑張っても勝てない相手はいます。実力が違えば、どうしようもないことです。それよりも自分の実力を発揮し、ベストプレイをすることこそ重要であると考えるようにしましょう。

(3) 思い切りよく、楽しくプレイする

今までの練習で身につけてきた自分のプレイを「思い切りやろう！」と思うことです。そのためには、どのような方法があるかを考える必要があります。勝ち負けという結果について、いろいろ心配するよりも、思い切り良い積極的・攻撃的なプレイをするにはどうしたら良いかを考えるのです。大事な時に思い切りよく、積極的・攻撃的なプレイをするように自

分に言い聞かせるのです。そして、試合前に不安やプレッシャーを感じるよりも、とにかく「楽しくやろう」「試合を楽しもう」「楽しくやれば良いのだ」と自分に言い聞かせること（セルフトーク）も心をリラックスさせるのに良い方法です。

5——サイキング・アップ

緊張度が低い時、「よい緊張感」になるために、感情を高ぶらせるのがサイキング・アップです。逆に、相手の元気を失くさせたり、腐らせたりすることをサイキング・アウトと呼んでいます。例えば、ラグビーのオールブラックス（ニュージーランド代表チーム）の試合前の儀式的な「ハカ」（大声を出したり、体を叩いたりする）や高校野球チームが円陣を組んで大声で気合いを入れるなどは、サイキング・アップの例です。

ここでは、サイキング・アップの方法をいくつか紹介します。

(1) 理想の選手や成功した時をイメージする

自分が理想とする選手や過去の成功体験を思い出したり、イメージを描いたりすることに

オールブラックスが試合前に行う迫力満点のハカは、選手やチームの士気を高める。（写真：AP/ アフロ）

より、感情を高ぶらせます。

(2) テンポの速い音楽を聴く

自分の好きなアップ・テンポな音楽を聴くことにより、積極的・闘争的な気持ちをつくります。逆にゆったりとした音楽を聴くとリラックス効果があり、気持ちが落ち着きます。その時に求めている気持ちになるために聴きわけると良いでしょう。

(3) 呼吸数や心拍数を上げる

速いテンポの呼吸、足踏み、その場かけ足、ジャンプなどをして呼吸数や心拍数を上げることにより、集中力を増します。自分のやり方をいくつかもっていると良いでしょう。

(4) 「やる気」を高める

キュウワード（Cue word：ヒントになる言葉）を使って、「いくぞ」「ファイト」「気合いだ」などのセルフトーク（自己会話）をして感情を高めます。自分にどんな言葉をかけると感情が高まるか、スイッチの入る言葉をいくつか見つけておくと良いでしょう。

(5) 精神集中

目を閉じて心を落ち着けたり、注意を一箇所に集めたりして、精神を集中します。ラケットやグローブ、ボールなど自分が行っているスポーツの身近なものが良いかもしれません。

(6) 体を叩く

手足や顔などの体の一部を叩いたりして、刺激することで感情を高めていきます。

6——「リラックス能力」「自己コントロール能力」の動きづくり

試合場面では、心理的競技能力の「リラックス能力」や「自己コントロール能力」のある動きが必要です。リラックス能力や自己コントロール能力のある動きとは、どのような動きがあることでしょうか。スポーツ選手の一般的に代表される動きを紹介します。

リラックス能力のある動きとは、勝敗を気にしすぎて緊張する、試合になると精神的に動揺する、試合前になると不安になる、試合前になるとプレッシャーを感じる、などがないことです。

次に、自己コントロール能力がある動きとは、試合になると自分をコントロールできなくなる、緊張していつものプレイ（動き）ができなくなる、気持ちの切り換えが遅い、顔がこわばったり、手足がふるえたりする、などがないことです。

ここでは、テニス選手に必要なリラックス能力と自己コントロール能力の動きづくりを紹介します。自分が行っているスポーツについて、あてはめて考えてみてください。表情、態度、動き、行動として発揮できるようにしましょう。

テニス選手の場合

(1) リラックス能力のある動き

❶特徴的な動き…手足がよく動いている。肩に力が入っていない。顔の表情が柔らかい。プレイに力が入りすぎずスムーズである。張り切りすぎていない。ミスが少ない。楽しそうにプレイしている。笑顔がみえる。
❷力を抜くことについて…肩を上下して動かす。手足の力を抜く。腰を動かす。背伸びを

する。首をまわす。手首を振る。膝を柔らかくする。ストレッチングをする。ジョギングをする。リズミカルに動く。ジャンプする。

❸動作について…軽く体を動かす。大きく深呼吸をする。呼吸をゆっくりする。腹式呼吸をする。遠くを見る。間をとる。構える時に大きく息を吐いて吹きかける。笑顔がでる。

❹ラケットについて…ラケットを回す。ラケットを振らずに手の平で素振りをする。ボールをつく。ラケットでボールを軽くつく。

(2) 自己コントロール能力のある動き

❶特徴的な動き…リラックスとサイキング・アップをうまく使い分けている。気持ちをうまく切り換えている。冷静にプレイしている。

❷忘れることについて…失敗・悪いプレイはすぐに忘れ、良いイメージだけをもつ。ミスした時、空を見て切り換える。終わったポイントのことは忘れ、次のポイントをどうするかを考える。

❸間をとることについて…凡ミスをした時は、少し間をとって落ち着く時間をつくる。ポイント間の間をとる。ボールデットの時できるだけゆっくり動く。

❹切り換えることについて…自分のプレイをする。普段の練習の力を出す。平常心をもつ。追い込まれても自分らしいプレイをする。天候に惑わされない。

❺冷静さをつくることついて…独り言を言う。いつものプレイをする。いつもの動きや練習どおりのプレイをする。感情を表に出さない。熱くなりすぎない。冷静に燃える。

以上を要約すると、次のとおりです。

「よい緊張感」とは、自分の過去の体験から「最も良い結果」や「成功」と思われる時の緊張度のことです。それを確認し、近づけるようにするのが良いでしょう。緊張するのは、認知の仕方によって異なり、緊張したら、体と心のリラックスをします。気合いが足りなければ、サイキング・アップが必要となります。「よい緊張感」と関係する心理的競技能力の「リラックス能力」や「自己コントロール能力」の動きづくりを示しました。どの動きも行動で示せるようになることが大切です。

第7章

集中力を高める

競技スポーツでは、集中力がなければ良いパフォーマンスは発揮できません。集中力はスポーツ選手にとって最も重要な心理的競技能力の1つです。重要でありながら、その内容はよく理解されていないのが現状です。プレイに集中し、その集中力が切れないようにするために、集中力とは何か、集中力を高めるにはどんな練習があるかについて考えます。そして、どのようにすれば集中した動きができるのか、集中した動きに直すための方法を紹介します。

1――集中力とは

スポーツの世界では、「集中力」という言葉をよく耳にします。例えば、2015年6月テニスの四大大会の1つである全仏でベスト8に進出し、ツォンガ選手（仏）に1－6、4－6（2－5で、会場の看板の落下事故により30分間中断）、その後6－4、6－3、3－6で惜しくも敗れた錦織選手が自身のブログで、次のように語っています。

5セット目は紙一重だったと思いますが、最後のセットに集中力を保てなかった自分が許せませんでした。まだまだですね。これからもっと集中力を保つことだったり、細かいところを少しずつ直していかないといけません。

このように一流スポーツ選手にとっても集中力がいかに重要であるかが分かると思います。では、まず集中力という言葉の意味についてみていきましょう。この言葉は心理学辞典を引いても出てきません。日常生活で使っているわりには学問的な用語ではないようです。心理学では「注意」（Attention）という言葉が専門用語として使われています。そこで、「注

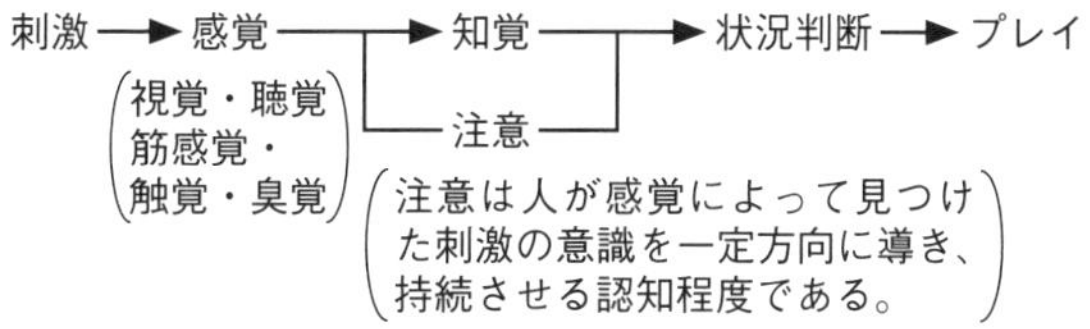

図15　注意の認知過程

意」について認知心理学、社会心理学、生理心理学など、いくつかの視点からみていきたいと思います。

(1) 認知心理学からの考え

認知心理学における注意の概念です。**図15**は注意の認知過程を情報処理的に示したものです。ある刺激に対して感覚器（視覚、聴覚、筋感覚、触覚、嗅覚）を通して知覚します。その知覚を通して、状況を判断します。その何かを感じて知覚する途中の過程で、注意という概念が入ってくるのです。注意とは、人が感覚によって見つけた刺激の意識を一定方向に導き、持続させる認知過程と言うことができます。

注意は次の3つの条件によって異なります。

第1は「注意の選択」です。たくさんの刺激が入ってきても、その人がもっている関心や心構えによって知覚されるものと知覚されないものに分かれます。つまり、好きなことには注意が向きますが、嫌いなことには注意が向かず、記憶するのも難しいのです。

第2は、「注意の能力」です。注意を受け入れる能力には個人差があります。たくさんの情報を同時に受け入れられる人とそうでない人がいるからです。

第3は、「注意の警戒」です。注意の幅や方向は感情や疲労によって異なります。ある刺激に対して準備態勢を整えておけば、その刺激に関してたくさんの注意を受け入れることができるようになります。注意力を高めるには、このような3つの条件を高めることが必要になるわけです。

(2) 社会心理学からの考え

個人と集団の関係、個人と環境の関係といった社会心理学的な事柄との関係からみていきます。

◉注意を乱される

社会的な刺激によって注意が乱されるという概念です。課題に無関係なことに注意を向けることで、注意が乱されます。

◎無意識的に機能すること

注意が無意識に機能することです。注意には意識的な注意（能動的集中）と無意識的な注意（受動的集中）があります。スポーツの場合は意識的に注意するよりも、無意識的に注意したほうが良いと言われます。意識的にボールの打ち方を頭に入れ、プレイすれば動作がぎこちなくなるからです。しかも、実際の競技場面では考える時間がないので、無意識的にプレイができるようになっておくことが大切です。

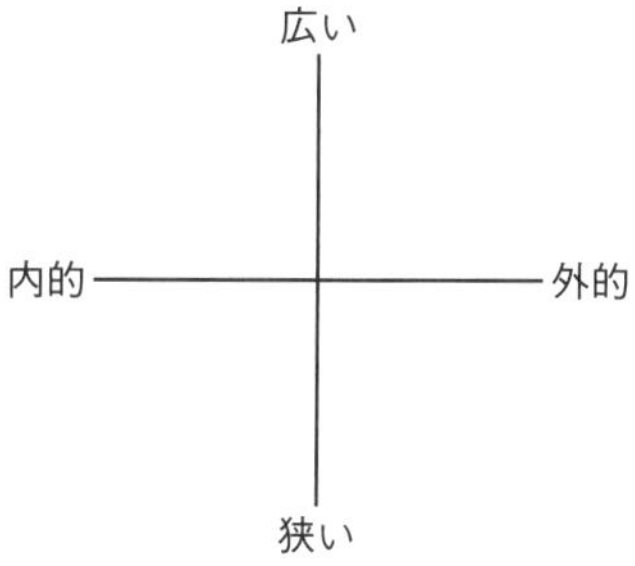

図16　ナイデファーの注意の方向と幅

◎注意にはスタイルがある

注意にはスタイルがあります。この中の1つに方向と幅があります。方向には自分の身体や感情に関して注意を払う内的な方向（内的集中）と、風や太陽などの環境に注意を払う外的な方向（外的集中）があります。**図16**は米国のスポーツ心理学者であるナイデファー（Nideffer, R.M.）のモデルについて、注意の方向と幅を示したものです。縦軸に注意の幅が広いか狭いかを示し、横軸に内的か外的かを示しています。自分の注意がどの位置に分類さ

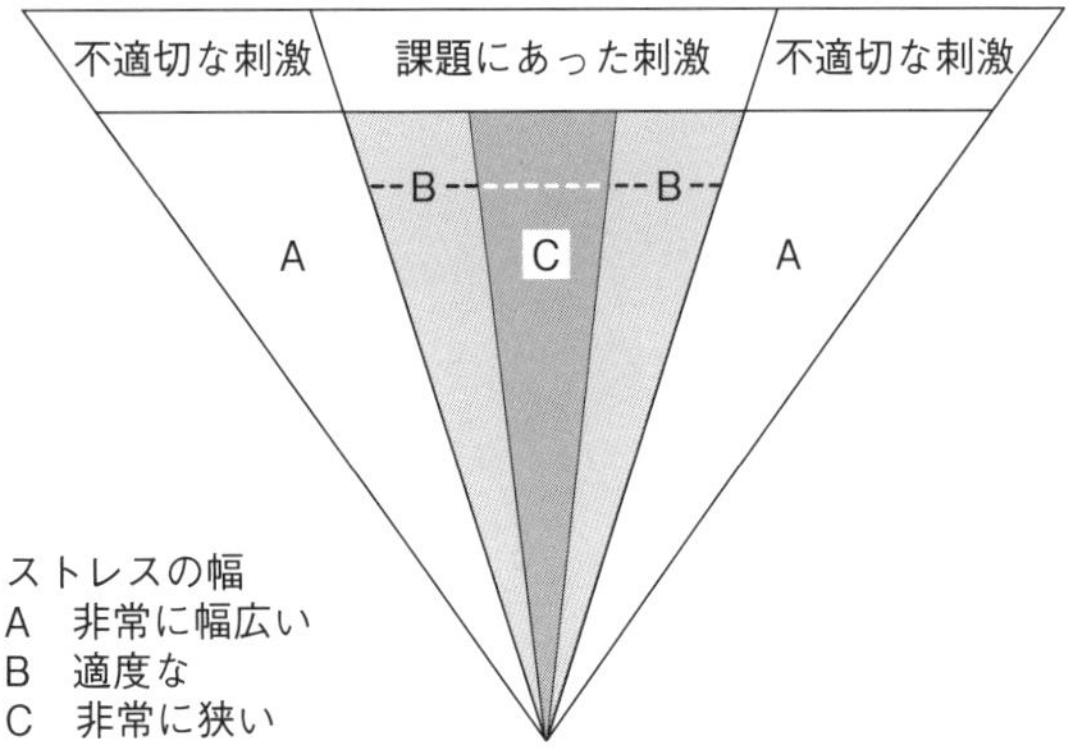

図17　ストレスの影響による注意の幅

［マートン、R.（猪俣公宏監訳、1991）：『コーチング・マニュアル メンタルトレーニング』］

れるかを判定するのです。

さらに、注意とストレスや苦痛との関係を知ることも必要です。**図17**は、競技場で発生するいろいろなストレスによって注意の幅が変わってくることを示しています。不適切な刺激は除外して、スポーツの課題に合った刺激だけに注意を向けることが必要だということです。この考えは、注意はいろいろな外的、内的条件によって妨害されるので、適切な注意の方向と幅を選択して、無意識的に注意が向けられるようになることが重要ということを意味しています。

(3) 生理心理学からの考え

人間が注意している時、生理心理学的に、

体はどういう状態になっているかということをみていきます。集中してスポーツの試合をしている時の脳波がα（アルファー）波になっていることを報告した研究は最近多くなっています。ただ、脳波の測り方が難しいので、結論を出すところまでは研究が進んでいないのが現状です。

そのほか、筋電図、体温、呼吸などの生理的指標を用いて注意の状態を分析しようとするのが生理心理学の分野です。注意の生理的指標が明確になれば、それを用いて注意力（集中力）のトレーニングができることになります。

(4) 様々な理論を総合的にみる

以上のように、注意についてのいくつかの視点をみてきました。人間ではこのような様々な理論が同時に発生しています。それらを総合したものが次頁の**図18**です。注意に影響する条件として内的（個人）、あるいは外的な（環境）条件があります。その第1として自分の特性があります。これは本人がもっているパーソナリティ（性格）です。第2は活動への要求や目標です。そして第3は、環境的要因です。ある刺激に対してこれらの3条件によって感覚が働いて覚醒（知覚）状態ができます。この刺激に対する覚醒状態は意識的であったり、

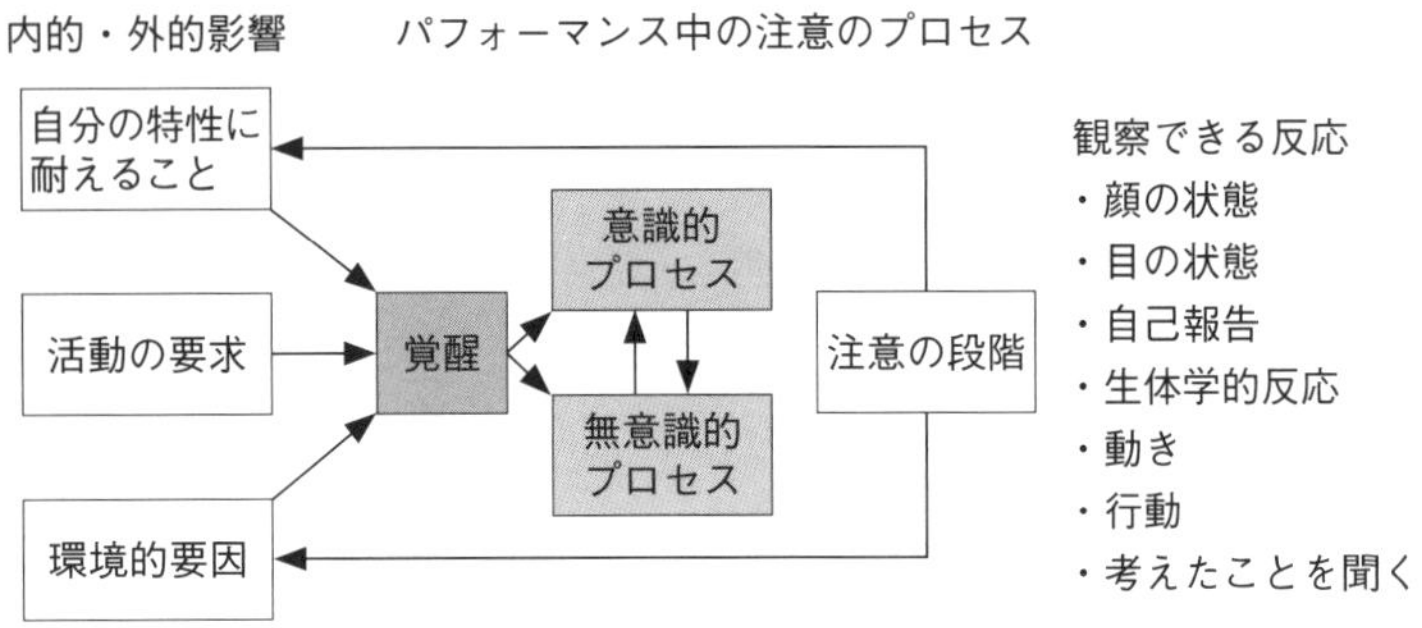

図18　注意の総合的理論―内的、外的要因と注意のプロセスの相互作用―

無意識的であったりして、ある状況を判断しようとします。刺激をその状況判断に導こうとしている過程を注意の段階と呼んでいます。そして、注意を観察できる反応として、顔の状態、目の状態、自己報告、生体学的反応、動き、行動、考えたことを聞く、などがあります。

(5) 集中力の定義

これまで「注意」の概念についてみてきましたが、ここでまた、「集中力」に話をもどしたいと思います。**図19**はガルウェイ（Gallwey, W. T.）の意識の構図を示したものです。注意と集中力の関係がよく理解できます。われわれの意識は刺激に対して感覚器によって知覚します（Awareness）。それがある方向に向いて注意の状態ができます（Attention）。注意がある課題や対象物に限定されて向けられるのが「精神集中」（Concentration）

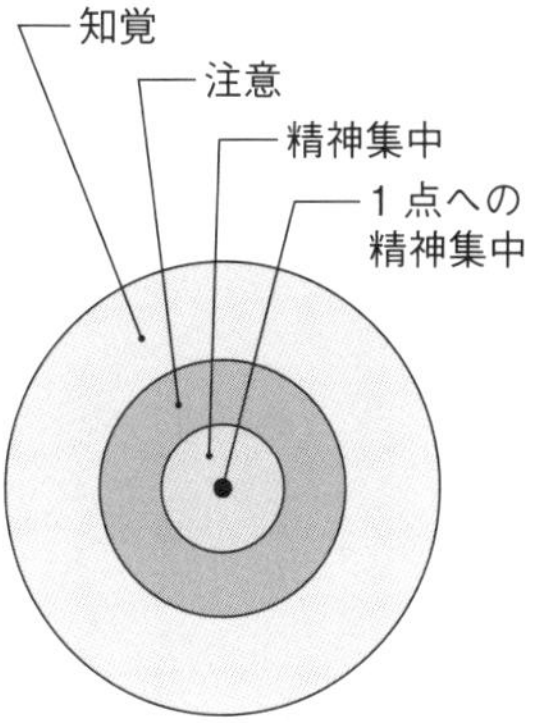

図19　ガルウェイの意識の構図
［ガルウェイ（後藤訳、1983）：『インナーゲーム』］

であり、さらに、その向けられた課題や対象物の一点に注意が集中されるのが「一点への精神集中」(One-pointed concentration)です。「狭い意味での注意、特定の刺激に対する注意の固定、そして選択された刺激に注意し続けること」と言うことができます。つまり、**集中力は「自分の注意をある課題や対象物（一点）に集め、それを持続する能力」と定義できます。**しかも、定義とは関係しませんが、結果として良いパフォーマンスが発揮できることが条件です。

以上のことから、集中力のトレーニングは3つに分けることができます。第1は課題に注意を集める練習、第2は外的・内的要因に注意を乱されない練習、そして第3は注意を持続する練習です。

2——集中力を高める練習

集中力を高めるということは、注意を一点に集める能力（注意力）を高めることです。では、注意を一点に集める練習方法をみていきましょう。

(1) 注意の固定

黙想をすることです。目を閉じてリラックスした姿勢で椅子に座り、2〜3分間、黙想をします。心を落ち着け、ゆったりした気持ちで、意識（注意）が一カ所に集中できるようにします。最初は意識があちこちに飛んだり、いろいろなことが頭に浮んだりしてきますが、黙想を続けます。自分の吐く息に注意を集中したり、何か1つのことに注意を固定したりできるようにします。基礎的練習として暗算、グリッド・エクササイズ（Grid exercise：格子）やシュブリル（Chevreul, M.E.）の振子実験、セルフトーク（Self talk）などがあります。

グリッド・エクササイズは、集中力の診断やトレーニングに用いられます。**図20**のような数字表を準備します。そして指導者がある数字を言います。選手はその数字を探し、見つけたら、その数字を○で囲みます。次に○で囲んだ数字の次の数字を探します。順番に次の数

19	77	38	05	58	30	18	67	45	52
10	44	63	82	24	37	53	86	04	78
28	57	50	16	70	81	09	92	17	59
69	00	95	23	64	01	74	31	88	46
99	43	62	55	15	29	42	93	51	08
85	06	39	36	66	90	80	14	32	91
49	96	25	75	71	03	60	22	79	73
35	11	68	83	89	97	41	98	47	26
20	56	94	02	65	33	27	54	87	61
76	34	12	40	84	21	72	07	48	13

図20　集中力の診断やトレーニングに利用されるグリッド・エクササイズ

字を探し、1分間に何個探せるかをトレーニングする方法です。

シュブリルの振子実験は、次頁の**図21**のように5円玉に糸を通して、約25cmのものを準備します。机に座り利き手の肘をつけ、約45度の角度で人指し指と親指の間に5円玉の糸をもち、心を落ち着けます。「左右に動く」「左右に動く」「左右に動く」…とつぶやくと5円玉はそのように動くのです。できるようになったら次に、「前後に動く」「右に回る」「左に回る」などとつぶやいてみてください。

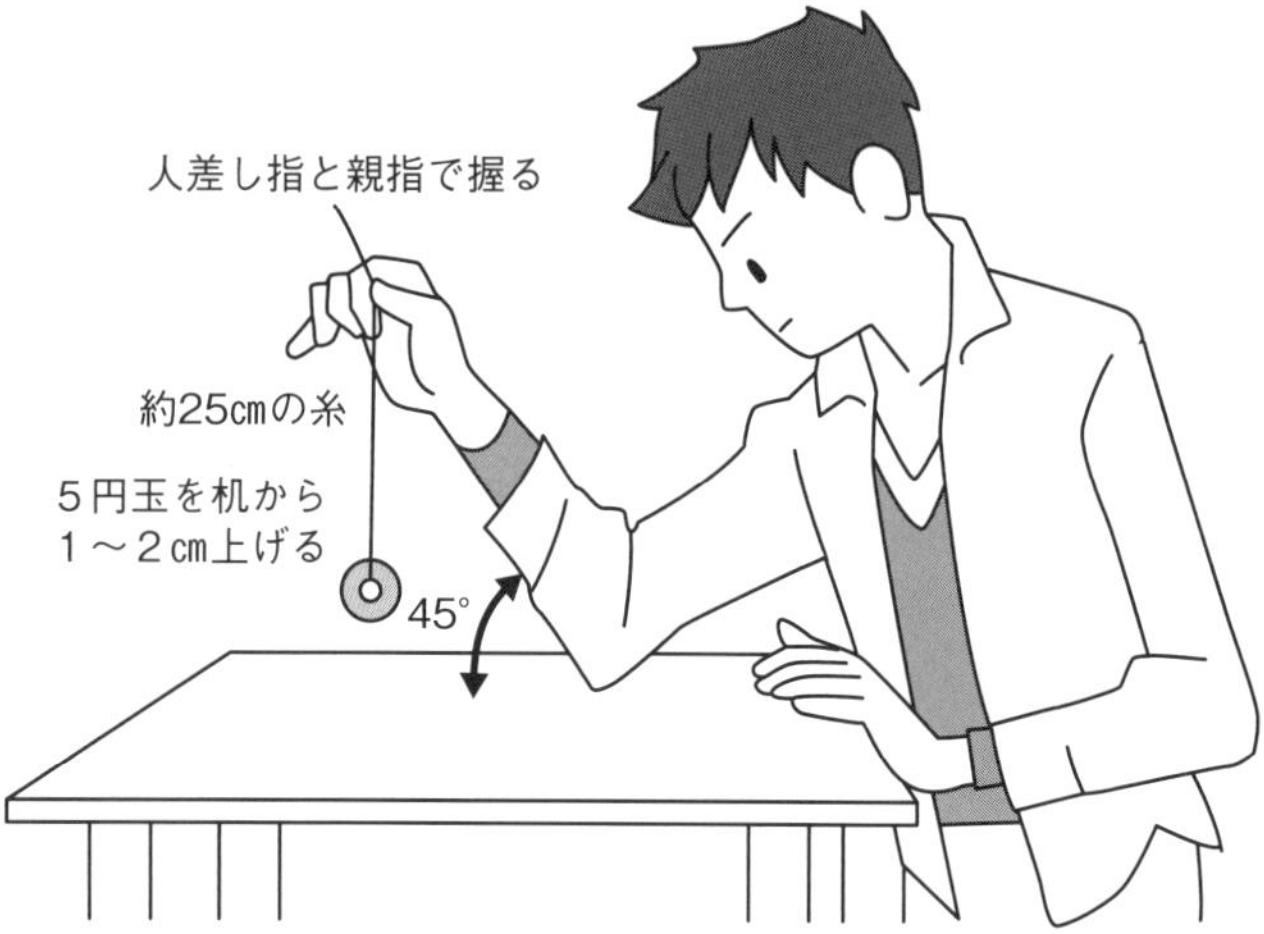

図21　集中力のトレーニングに用いられるシュブリルの振子実験

(2) 対象物への注意の固定

対象物に注意を集めるトレーニングです。ボールや標的など小さな対象物を準備して、その物に注意を向ける練習を行います。最初は目を開けて、ある物に30秒間から1分間くらい注意を向けます。ボールなどを見た時に他の意識が入ってきたり、まわりの騒音が気になったりしないようにします。1回の練習で3セットくらいを繰り返し行ってください。

(3) 視線の固定

視線を固定させます。一点集中のトレーニングと言ってもいいでしょう。競技場で視線がキョロキョロと動く選手は良くありません。

観客席や他の場所に視線が向くと、その刺激から良くない感情が生まれ、集中力が乱されてしまうからです。遠方の何かの対象物に視線を向け、その物に注意を集めます。目のひとみが動いたり、まばたきをしたりしないようにして1点に注意を集めます。1分ぐらいから始め5分ぐらいまで延ばします。

⑷ バイオフィードバック機器によるトレーニング

バイオフィードバック・トレーニングです。これはリラックスのトレーニングで述べたように、脳波や皮膚温、呼吸、心拍数などを音や色に変え、それを手がかりにして集中力をトレーニングしていく方法です。脳波はα波の時に集中していると言われていますので、脳波のバイオフィードバック機器を使って、α波を出すトレーニングをします。全身をリラックスして何かに集中した時に、α波の出現を示す反応（音、光、時間）が出るので、トレーニングがしやすいという特徴があります。一方で機器が高価なことに難点があります。

いずれのバイオフィードバック機器も、その音や自分の感覚に注意を集中するので、リラックスのトレーニングと同時に集中力のトレーニングにもなります。

3――集中力を妨害されないための練習

集中力を妨害されないということは、注意を一点に集め、競技場での様々なストレスから、注意を乱されないということです。

(1) 注意を乱す要因

注意を乱す要因は内的要因、外的要因、そして外的かつ内的要因の3つに分けることができます。

◎自分の心が注意を乱す…内的要因

内的要因は、自分の感情に関するものです。心配、不安、悩み、ストレス、プレッシャー、あがりなどの言葉に代表される自分についての消極的な感情です。ミス・ショットという失敗後の感情やミス・ジャッジへの不満も含まれます。こういった自分の心（内的要因）についてのマイナス感情が注意を乱すことになります。

◎まわりの環境が注意を乱す…外的要因

外的要因は、風やコートの表面、太陽の光線、ボール、ラケット、バット、グラウンド、上空を飛んでいる飛行機や鳥、顔のまわりを飛びまわる蚊やハエ、あるいは暑さ、寒さの天候、観衆などの環境的要因です。こうした外的要因が注意を乱すことになります。

◉環境に対する自分の心が注意を乱す…外的・内的要因

外的・内的要因というのは、外的要因ではあるけれど、それがその人の注意を乱す内的要因になるものです。例えば、対戦相手のスポーツマンらしくない言動、観衆のやじや嘲笑、自分のミス・ショットへの拍手などの外的要因に対して、自分が怒るとします。そうすると、怒るという感情（内的要因）が生じることによって、注意が乱されるということです。

(2) 注意を乱されない実践的練習

◉「きっかけ」になる言葉

不安や緊張などの刺激に注意を乱されないために、「きっかけになる言葉（キュウワード：Cue word)」をつぶやく練習です。自分で、「リラックス」「集中」「ボールを見る」「相手の目を見る」などの短い言葉を、何回も繰り返しつぶやき、注意を高めます。また、失敗を成功に変える積極的思考をもつことも大切です。失敗して下を向き、「どうしよう」「ダメだ！」などのマイナス感情ではなく、「思い切って」「いくぞ！」などのプラス感情のきっかけになる言葉をつぶやくことです。

◉プレイのルーティン化

注意を高める行動パターンをつくるのも良いと思います。これは、動きを変えて不安な気持ちを無くそうというものです。自分のプレイをルーティン化（Routine：決められた動き）、またはパターン化（Pattern：型）、あるいはセレモニー化（Ceremony：儀式）して、注意を高めます。

図22はテニスのサービス・レシーブのルーティンです。まず、素振りをして打ち方を確認します。そして手足・肩などを動かしリラックスします。次に打つ場所をイメージで確認し、「さあ、行くぞ！」と集中して待ちます。最後は「踏み込んで、リターン」します。どこかの動作や気持ちの確認を忘れると動作はうまくいきません。常に自分の動きのルーティンをつくっておくのが望ましいということになります。例えば、野球のイチロー選手のバッティング前の素振り、大相撲の関取のしきり前のしぐさ、サッカー選手のペナルティーキック前の動きなど、多くの有名なスポーツ選手は独特のルーティンをもっているものです。

◉最悪のシナリオでの練習

環境的条件である外的刺激に注意を乱されないための練習を考えるということです。まず、

図22　動きをルーティン化して集中力を高める
［月刊誌「スマッシュ」第22巻第4号（1995）徳永「集中力をスマッシュ」をもとに作図］

最悪のシナリオでの練習です。風の強い時、雨の時、とても暑い時など最悪の条件で練習します。競技場の物凄い声援を録音しておいて、それを練習の時に流して、声援に慣れるという方法もあります。また、雨に濡れたボールでの練習も考えられます。注意を乱されそうな最悪の条件を設定して、どんな条件の時でも注意が乱されないように練習しておくのも良いでしょう。

◎プレッシャーをかけての練習

相手の撹乱戦法に対してポーカーフェイス（無表情）を装う練習も必要です。テニスのサービスを打つ瞬間に、相手が自分の注意を乱すような動きをするとか、ストロークのラリーでも、ネットに前衛を立たせて、プレッシャーをかけて練習をすると、「狭い集中」を高めることができます。また、「広い集中」を乱されない練習も必要です。サッカーやラグビーなどでは、相手の動きをしっかり把握しておかなければなりません。そこで、相手の動きに対応できるためにフォーメーションの練習や、プレッシャーをかけて、よりゲームに近い場面を設定して、注意を乱されない練習をしておくことは大切なことです。

4――集中力を持続する練習

集中力を持続するということは、注意を一点に集め、それを持続することです。

(1) 注意の切り換え能力を養う

「内的―外的」「狭い―広い」をうまく切り換える能力のことです。あるいは、試合の流れを把握する力や負け始めたり、リードされ始めたりした時の切り換え能力を養うことです。

例えば、マラソン・ランナーはスタート直後には自分の体調などの内的条件に注意を向けますが、徐々に進行すると雨や風、周りの選手などの外的条件に注意を向けなければなりません。また、サッカー選手は自分の近くの選手とパス回しをするという狭い集中が必要ですが、それだけではなく、広い視野をもってロングパスもしなければなりません。このように注意を切り換えることが大切です。

(2) 苦痛の閾値（限界）を高める

疲労や苦しい時に、注意を苦しいことに向けるのではなく、楽しいことに向ける練習です。苦しいランニングや技術・体力のトレーニングなどの時に、表彰台に立っている自分をイメージしたり、楽しいことを思い出したり、歌を口ずさんだりして、苦しいということから注意をそらし、楽しいことに注意を向ける能力を高めます。苦しさから注意をそらすことにより、苦痛の閾値（限界）を高めることになります。

(3) 目標の確認や体力・技術を向上させる

注意を持続するためにも、集中力が切れようとする時にもう一度、目標を確認して頑張ります。同時に体力と技術のレベルを高めることも必要です。ハードな体力トレーニングや技術練習では、集中力の持続が必要です。持久力がなく、疲れてくると集中力は続かなくなります。あまりに技術差があれば、集中力の持続を発揮する場もなくなります。

5──「集中した動き」と「集中が切れた動き」

(1) 集中した動き

試合中に集中している状態をつくるには、誰が見ても集中していると思われる「集中した動きづくり」が必要です。集中した動きができるためには、集中のための準備が必要です。

試合中は、実際にプレイしていない時間が多いものです。待っている時、プレイをしていない時に注意を集中しながら、待っていなければなりません。例えば、野球の外野手のように、いつ飛んでくるかわからない捕球のために、常に注意を集中できる準備体勢が必要です。

集中した動きの例を示すと、次のとおりです。

・大事なところで好ショットが打てる。

・やさしい場面で失敗するようなことはない（イージィ・ミスをしない）。

・最後までボールを追っている。
・重要なポイントやゲームは確実に取る。
・ボールや標的などの対象物や課題だけを見ようとしている。
・苦痛、疲労、不快なことを気にしていない。
・相手の動きを読んでいる。
・感情的になっていない。
・最後まで諦めていない、などです。

こうした動きの総称を「集中している」とか、「集中力」と言っているのです。これはそう簡単に身につくものではありません。このような動きは気持ちの表われでもあります。したがって、試合全体の中で集中した動きができるように、日頃の練習の中で集中した動きづくりのトレーニングをしなければなりません。

(2) 集中が切れた動き

「集中が切れた」とよく言います。それは集中した動きができなくなった状態のことです。例えば、次のような時に集中が切れたり、妨害されたりします。集中が切れそうになった時の対応策を考え、最後まで集中力が持続できるようにしておかなければなりません。

・体力的についていけなくなる時。
・勝敗がはっきりし始めた時。
・技術差が歴然としている時。
・暑さ、寒さ、風、雨、太陽、騒音などが極端な時。
・不運や失敗が連続する時。
・審判や観衆に対して不満がある時、などです。

6――「集中力」の動きづくり

試合場面では心理的競技能力の「集中力」が必要です。集中力がある動きとは、どのような動きがあることでしょうか。スポーツ選手の一般的に代表される動きとしては、次のような動きがあることです。

集中力のある動きとは、落ち着いてプレイができなくなる、冷静さを失うことがある、試合になると観衆のことが気になって注意を集中できない、勝敗が気になって集中できない、などがないことです。

次にテニス選手に必要な集中力の動きづくりを紹介します。自分が行っているスポーツについて、あてはめて考えてみてください。表情、態度、動き、行動として発揮できるようにしましょう。

テニス選手の場合

❶特徴的な動き…ここぞという時に良いプレイができる。ボールだけを見ている。風、光線、暑さ、寒さ、観衆、痛みなどを気にしていない。
❷動作について…声を出して自分を励ます。相手をジッと見る。キョロキョロしない。黙ってプレイする。足を動かす。ワン・ショットずつ心をこめて打つ。全力投球をする。
❸ボールへの集中について…ボールに書かれた文字やメーカーなどを3回読む。ボールの回転を見る。ボールに意識を集中する。ボールから目を離さない。ボールだけを見て、周りを意識しない。
❹視線について…視線が外へそれない。視線を一点に置く。ラケットのガットを見て集中する。ガットの一点を見る。他のコートを見ない。連続ミスをしない。

❺無心になることについて…何も考えない。無心になる。自然体にする。深呼吸をする。目を大きく開ける。ゲームの勝敗や技術の出来・不出来を考えない。

以上を要約すると、次のとおりです。

集中力とは「自分の注意をある課題や対象物（一点）に集め、それを持続する能力」のことです。しかも、結果として良いパフォーマンスが発揮できるという条件があります。集中力のトレーニングは次の３つがあります。第１は集中力を高める練習です。黙想、一点集中、視線の固定、暗算、数字探し、振り子暗字、自己会話、ルーティンなどの方法があります。第２は集中力を乱されない練習です。風、暑さ、雨、コートの条件、慣習など（外的）、自分の心（内的）、最悪のシナリオでの練習などがあります。そして、第３は集中力を持続する練習です。注意の切り換え、苦痛の閾値を上げる、集中した動きづくり、目標の確認や体力・技術の向上などがあります。

心理的競技能力の「集中力」の動きづくりを示しました。どの動きも行動で示すことができるようになることが大切です。

第8章

イメージを用いて作戦を立てる

スポーツ選手は試合の状況を明確に判断する能力や次に何が起きるかを予測する能力が必要です。これらの判断力や予測力は作戦能力を構成する重要な心理的競技能力です。そして、作戦能力を高めるために、イメージが用いられます。そこで本章ではイメージとは何か、イメージトレーニングの方法、イメージを用いた作戦能力の高め方を紹介します。また予測力や判断力のある動きに直すための方法について考えます。

1――イメージとは

判断力や予測力を高めるために、イメージを用いてトレーニングが行われます。イメージ（Image）は日本語で心像（しんぞう）と言われ、頭の中にある像を視覚的に見ることができるだけでなく、その時の音（聴覚）、動きの感じ（筋運動感覚）、肌ざわり（触覚）、気持ち（感情）、味（味覚）なども同時に感じることができるものです。しかも、こうしたイメージを鮮明に浮かべると、実際に行動した時と同じように体が反応し、刺激が大脳から筋肉に伝えられることが分かっています。このような原理を利用して、うまくできない技術がうまくできたイメージを描いたり、数日後の試合で今は経験できないことをあたかも当日のことのようにイメージを描いて、リハーサル（予行練習）をしたりします。イメージを鮮明に描くことによって、体にそのことを慣れさせ、技術の練習効果を上げ、自分の実力を発揮できるようにします。これがスポーツにおけるイメージトレーニングです。

イメージは技術練習や作戦能力ばかりでなく、目標の確認、不安の解消、人間関係の向上、集中力の向上、試合後の反省など、多くのことに用いられています。また、スポーツだけでなく、音楽、絵画、書道、面接、スピーチ、試験、セールスなどのパフォーマンスの向上に関することにも同様に利用することができます。

2――基礎的なイメージ練習

人間には右脳と左脳があります。イメージや運動、音楽、絵画などの創造的活動は右脳が優位に働き、左脳は計算などの知的活動の時に優位に働くと言われています。右脳が優位に働くためには、左脳の働きを少なくするために、リラックスした状態で集中できる能力が必要になります。したがって、イメージトレーニングをする前にリラックスや集中力のトレーニングを練習して身につけておくことが必要です。

イメージトレーニングを始めるにあたり、以下の(1)~(5)で紹介する基礎的な練習をしておくと良いでしょう。静かな落ちつける場所に、目を閉じて椅子に座り、最初は1~2分くらいイメージし、目を開けて1~2分間休みます。それを3回くらい行います。イメージの時間を少しずつ延ばし、合計で30分くらい行うのが良いと思います。練習の前後や自宅でイメージトレーニングができるようにしておきましょう。

淡いピンクが好きなのですが、きれいにそのままの色が浮かんできました。また風景も鮮やかに浮かんできて、小鳥のさえずり、小川のせせらぎ、さわやかな風、花のいい香りまで感じとれました。

図23　好きな風景とイメージ後の感想

(1) 好きな色や好きな風景のイメージ

イメージの基礎練習としてやさしいイメージを浮かべる練習をします。その方法として、**図23**のような自分の好きな色や好きな風景を描く練習をします。例えば、みかんのオレンジ色、澄みきった青空、地平線に沈む真っ赤な太陽の赤色、あるいは子どもの頃に遊んだ風景、自分が体験した最も雄大な風景などです。風景にもカラー（色）をつけるとイメージが鮮明に描けるようになります。

(2) スポーツの用具や競技場のイメージ

自分が行うスポーツに関係する用具として、ボール、ユニフォーム、シューズ、帽子、そして競技場のトラック、フィールド、コース、スタンドなどの静的な風景を描く練習をします。

僕はよく学校の近くのバッティングセンターに行きます。そこで、打ち始める前に、バッティングフォームと打った後の球の軌道をイメージしました。フォームは、時々家で鏡を見ながらやっているので、それを思い出しました。その後実際に数回イメージ通りの素振りを行い、最後に肩の力が抜け、リラックスできているか確かめてから始めました。すると、いつもよりバットの出がよく、すっと振り切れました。力を抜いているのに打球がいつもより速く、ほとんどがセンター方向に飛んでいきました。パフォーマンスを行う前、きちんとした形を思い浮かべることは、大切なことだと思いました。

図24　ピーク・パフォーマンスの絵とイメージ練習後の感想

(3)「見ている」イメージ

自分がプレイしているのを、もう1人の自分が見ているイメージを描きます。これを外的イメージと言います。例えば、陸上競技や競泳などで、自分が走っていたり、泳いでいたりする姿を、もう1人の自分がスタンドから見ているような場面です。また、ビデオカメラで撮影した映像を見た後、イメージを描くとイメージしやすいと思います。

(4)「している」イメージ

外から走るのを見ているのではなく、本当に今、自分が走っているようにイメージを描きます。外的イメージに対し、内的イメージと言います。実際に競技を行っている時の呼吸のリズム、筋肉の動き、音、リズム感などを感じながら、しているように描きます（図24）。

(5) ベストプレイのイメージ

過去の体験の中から最も素晴らしいプレイや動きをした場面をイメージに描きます。最も調子が良かった時、優勝した時、あるいは逆転勝ちした時などの試合を思い出します。そして、その時の周囲の状況、観衆などの場面を描きます。次にその時にどういうプレイをしたか、その時の動き、フォーム、攻撃パターン、フォーメーション、気持ちなどを詳しくイメージに描きます。

3――応用的なイメージによる作戦能力のトレーニング

次のような順序で行ってください。

(1) 技術・体力・心理面の作戦を書き出す

それぞれのイメージを描く前に、イメージの内容をメモに書きます。特に大事なところは、赤線を入れておくと、より鮮明にイメージに浮かべることができます。

◉技術について

あなたが行っているスポーツについて、今度の試合の技術的作戦（どういう技術、フォーム、パターン、ペース、動きをするか）をメモに書きます。

・フォアハンドのクロスのボールを思い切って打つ。
・サービスは相手のバックハンドに必ず入れる。時々、フォアハンドにも打つ。
・相手のネットプレイに対しては、フォアハンドはクロスのパッシングを打ち、バックハンドはロビングを上げる。

◉体力について

体力面で注意することをメモに書きます。

・試合前に十分ウォーミング・アップをして、体を温めておく。
・スタミナ負けしないように、前半は先頭集団について走り（泳ぎ）、後半○○メーターで、ラストスパートをかける。
・試合中の飲み物、食べ物を準備し、体調を整える。

◎心理について

心理面で注意することをメモに書きます。

・攻撃的なプレイをする。守りのプレイにならないようにする。積極性、闘争心で負けないようにする。

・集中したプレイをする。イージィ・ミスをしないように集中してプレイする。

◎その他

その他、今度の試合で特に注意することをメモに書きます。

・失敗すること、負けることを気にせず、自分のプレイやパターンで試合ができるようにする。

(2) 作戦イメージ

メモに書いた作戦をイメージでリハーサル（予行演習）します。

机の前に座り、メモを読みます。次に目を閉じて、メモの内容をイメージに描きます。1～2分の間、イメージを描きます。その後、目を開けて、しばらく（1～2分間）休みます。今度は、次の内容をメモで確認し、また目を閉じ、イメージを描きます。このようにして、次々とメモに書いた内容を確認した後、イメージと休憩を繰り返し行います。全体の時間は20~30分以内で良いでしょう。あまり長くなると疲れますし、集中できなくなります。

また、チームの作戦も必要です。指導者はチームの作戦をサイン、動き、数字、言葉で示し、チームの皆が、それに合わせてセットプレイ、パターンプレイ、フォーメーションをイメージする練習をします。チームの全員が1つのサインでチームの動きをイメージできるように練習することも大切です。チームの戦術練習はコート上やグラウンド上で経験的に行われていますが、イメージトレーニングは、チームとしての作戦を確認する意味で有効です。

(3) 逆転の作戦

試合では勝つことばかりではありません。負け始めた時やリードされた時の逆転の作戦もメモに書きます。それも「その1」「その2」「その3」くらいまで考えておくと良いと思います。自分がもっている技術をすべて発揮して負けるのでは仕方がありません。例えば…、

その① 攻撃面で自分のミスが多くなったから、相手のミスを誘うため、一時守りの体勢をとってみる。

その② やはりダメだったら、攻撃のパターンを変えて、また攻める。

その③　何をしてもダメだから、とにかく自分から失敗しないように粘ってみる。その間、チャンスをうかがう。

(4) 鮮明なイメージを描く

イメージがはっきりと（鮮明に）浮かべば浮かぶほど、実際に行っている時と同じように体（筋肉、心拍数、感情など）が反応します。頭の中にはっきりした作戦イメージが描け、確認できれば、もう心配は不要です。自分の作戦を繰り返しイメージに描き、鮮明なイメージになるように練習します。

チームの場合は、指導者のサインや言葉は間違って伝えられることがよくあります。サインや言葉によるイメージを、繰り返し練習することによって、そうした弊害をなくすことができます。チームとしての作戦をより鮮明に描ける選手を育てることが、チームワーク向上の一因にもつながります。

(5) イメージカードを用いたトレーニング（IPR練習）

室内にコートやグラウンドをカラーで描いたイメージカード（ヨコ40㎝、タテ50㎝くらい）を壁にかけ、それを見ながらイメージしたり、素振りをしたり、動き・プレイ・作戦をリハーサルします。ＩＰＲは Image Play in Room の略で、イメージカードを見ながら実戦さながらのリハーサルをＩＰＲ練習と名づけました。

図25〜27はテニス、弓道、野球のイメージカードです。ＩＰＲ練習の仕方は、次のようにすると良いと思います。

①図25〜27のようなイメージカードをカラーでつくる。
②コートを見ながら、素振りをしたり、基礎技術のリハーサルをしたりする。
③コートを見ながら作戦をリハーサルする。
④逆転の作戦や気持ちのリハーサルをする。
⑤週に２〜３回、30分くらい行う。試合前には必ず行う。

4――「判断力」「予測力」の動きづくり

作戦能力は心理的競技能力の「判断力」「予測力」と関係しています。したがって、判断力や予測力のある動きができることが必要です。判断力や予測力のある動きとは、どのよう

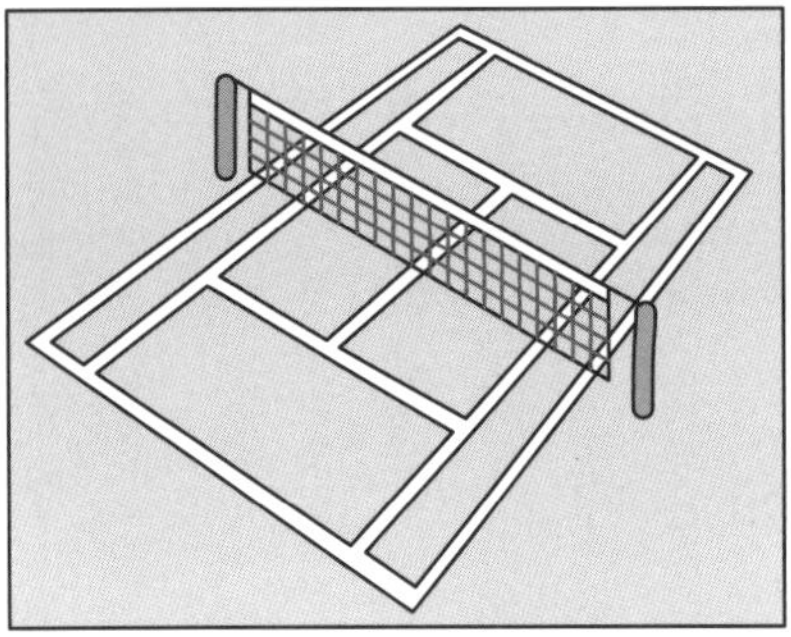

図25　テニスのイメージカード

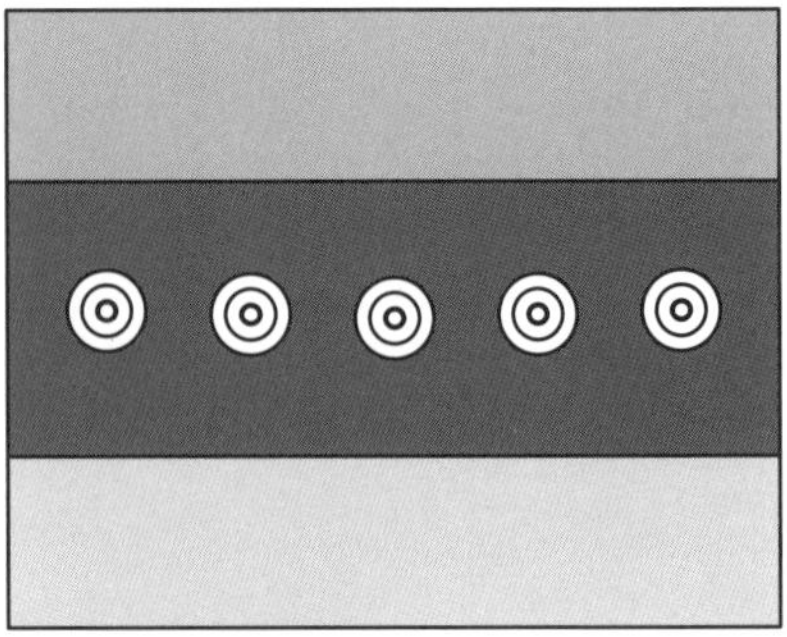

図26　弓道のイメージカード

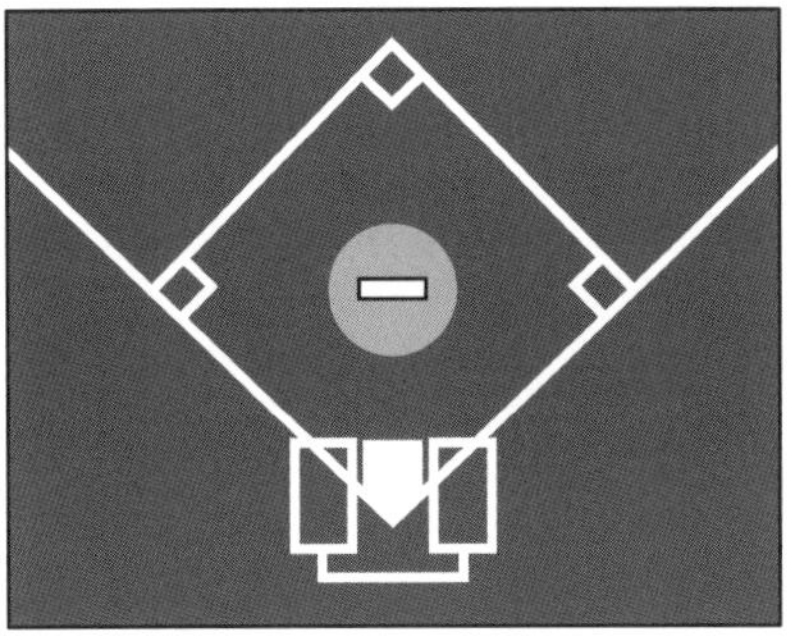

図27　野球のイメージカード

な動きがあることでしょうか。スポーツ選手の一般的に代表される動きとしては、次のような動きがあることです。

判断力のある動きとは、苦しい場面で冷静な判断ができる、試合の流れを素早く判断できる、大事なところで的確な判断ができる、判断力が優れている、などがあることです。

次に、予測力のある動きとは、作戦がうまく的中する、作戦を素早く切り変えることができる、勝つためのあらゆる作戦を考えている、予測がうまくあたる、などがあることです。

ここでは、テニス選手に必要な判断力と予測力の動きづくりを紹介します。自分が行っているスポーツについて、あてはめて考えてみてください。表情、態度、動き、行動として発揮できるようにしましょう。

テニス選手の場合

(1) 判断力のある動き

❶特徴的な動き…苦しい場面でも冷静な判断をしている。大事なところで的確な判断をしている。試合のために良い判断をしている。

❷状況の判断について…ボールを拾う時は、ゆっくり動き考える。相手の動き（ポジション）を見て、次のショットを打つ。相手の弱点や自分の状況にあったプレイを考えて行動する。相手の動きや癖を読んで対応する。前の戦略が良かったか否かを振り返る。ポイントにより、次のショットを選択する。どこに打てば優位になるかを考える。相手の苦手な所にボールを配球する。自分ができることをやる。相手の力を見極めて、どう戦うかを判断する。いつもの自分と話しながら戦う。負けている時は、プレイの内容を変える。ポイントの流れ、ゲームの流れを確認する。

(2) 予測力のある動き

❶特徴的な動き…良い作戦でプレイしている。相手の動きを読んでプレイをしている。作戦が的中している。イメージを描いている。

❷状況の予測について…相手の癖を見つける。自分が打ったボールによって、次の相手のプレイを予測する。相手の返球コースを読む。相手の動きを見て動くことができる。ボールのコースを読んで、いち早くポジションをとる。相手のサービスをフォアかバックかを読む。相手の体勢を見て、次のボールを予測する。相手の性格と空きスペースを

読む。相手の性格、特徴など多くの情報を取り入れる。相手のパターンを読み、一度試しのプレイをしてみる。心の目で相手を見る。相手の好きな球を予測して、その球を打たせてみる。

以上を要約すると、次のとおりです。

イメージは心像（しんぞう）と言われ、頭の中にある像を視覚的に見ることができるだけでなく、その時の音、動きの感じ、肌ざわり、気持ち、味なども同時に感じることができます。イメージを鮮明に浮かべることができれば、実際に行動した時と同じように体が反応し、刺激が大脳から筋肉に伝えられます。イメージはスポーツ選手の作戦能力のトレーニングに利用できる大切な方法です。イメージカードなどを用いてイメージトレーニングすると良いでしょう。さらに、イメージしたことを動きとしてリハーサルすることも大切です。そして、作戦能力を構成する心理的競技能力の「判断力」「予測力」の動きづくりを示しました。どの動きも行動で示せるようになることが大切です。

第9章

自信を高める

スポーツ選手は、自信という言葉を使うことが多くあります。例えば、「スタミナには自信がある」「バックハンドには自信がある」「集中力を発揮する自信がある」、そして「今度の大会は勝つ自信がある」などです。また、競技成績に関係する自分の能力（技術、体力、心理）に対しても自信という言葉を使っています。本章では自信とは何か、自信を高める方法、自信のある動きに直すにはどうしたらよいか、を紹介します。

1——自信とは

一般に自信とは「自分の能力や価値を確信していること」（新村１９９８）、「ある行動をうまく遂行できるという信念」（Weinberg,R.S. 1992）、「自分は有能であるという実感」（Nathaniel, B. 1992）と言われています。

近年、バンデュラ（Bandura, A.）は、社会的認知理論の中で自信を効力期待感と結果期待感に分けています（バンデュラ１９８５、竹中・上地２００２、竹中２００２）。**図28**はそのことを示しています。結果期待感は、一定の行動は一定の結果に導くであろうという個人の見積りのことです。つまり、自分のとる行動によって、ある結果を生じるという予測です。そして、効力期待感は、一定の結果を生み出すのに必要な行動をうまく行うことができるという確信です。つまり、ある行動をどのくらいうまくできるかという予測です。そして、この効力期待感を自己効力感と呼び、行動の予測や変容の重要な要因であることが指摘されています。スポーツの場合でもこの自己効力感がパフォーマンスに関係することが多く報告されています。

欧米では、この自己効力感（Self-efficacy）と後で説明するスポーツ・コンフィデンス

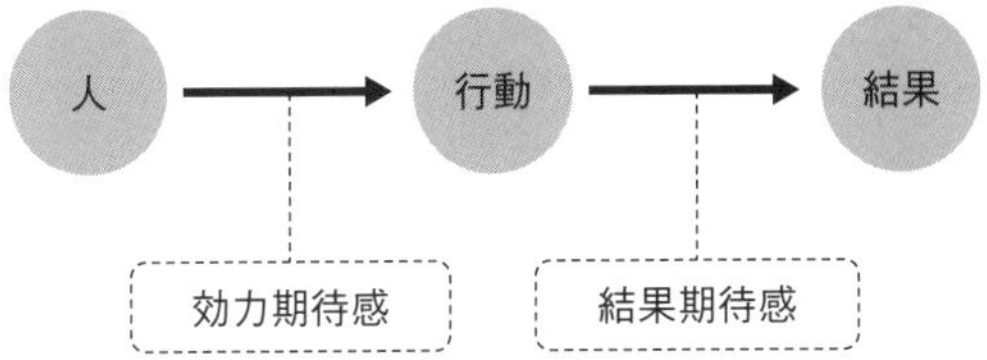

図28　バンデュラの効力期待感（自己効力感）と結果期待感
［バンデュラ（園田ほか訳、1985）「自己効力感—行動変容の統一理論に対して—」教育医学研究、第28巻］

（Sport confidence）の2つの理論に基づいた研究が多く行われています（岡2000）。

スポーツ場面における自己効力感はある個人が特別なスキルを遂行する際に、そのスキルをどれだけうまく遂行できるかという個人の確信や能力の認知のことを指しています。一方、スポーツ・コンフィデンスはある個人がスポーツを行う際の自分の行動やパフォーマンスに対する一般的な期待として用いています。自己効力感は自信の狭い意味（狭義）であり、スポーツ・コンフィデンスは広い意味（広義）があると言われています（岡2000）。

日本のスポーツ選手が「自信がある」と言っている時の自信には2つの意味に使用しているように思われます。1つは結果に対する自信（結果期待感）です。スポーツ選手は試合で、自分は「勝つ」「成功する」「目標を達成できる」「実力を発揮できる」自信があるといった包括的な使い方をしています。**もう1つは、いろいろな状況を設定して、自分の能力（技術、**

体力、心理）に関して「発揮できる自信が何パーセントある」と言っている時の自信（効力期待感）であり、自己効力感としての自信です。このように、わが国では自信という言葉は広い意味で使われているようです。

2――自信に影響する要因

スポーツ選手の自信に関係する要因を図29のように整理しました。試合前の練習量、生活習慣、心身の状態などの自信に影響する要因によって、自己の能力（技術、体力、心理）に対する自信が生まれます。その自己の能力に対する自信によって、結果や目標に対する自信（勝敗、目標達成、実力発揮に対する自信）が形成されます。そして、結果や目標に対する自信によって、試合に対する総合的な自信が構成されることになります。

このことは、スポーツ選手の自信は自分の能力（技術、体力、心理）がいろいろな状況の中で発揮できるか否かについての、総合的な確信度から形成されていることを意味しています。このように、総合的な自信の強さの背景には多くの状況や行動に対する自信があって、試合に対する包括的な自信が決定されているものと考えられます。

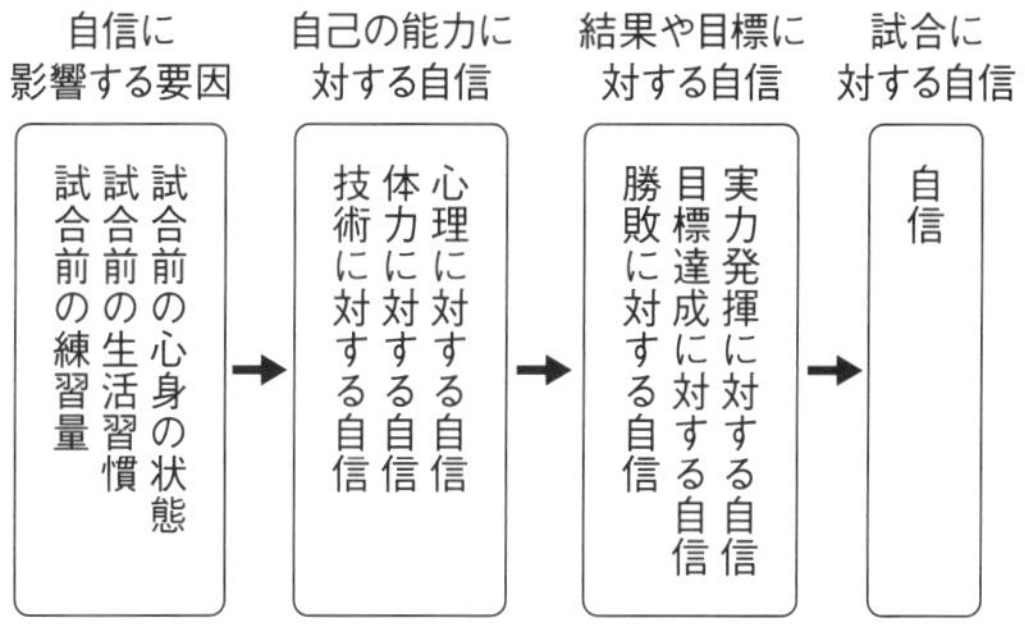

図29　試合に対する自信に影響する要因

3──自信を高める方法

(1) 自信に影響する要因を考える

◎試合前の練習量

練習不足は不安を招き、自信の低下につながります。現在の環境の中で、可能な範囲の練習を十分に行ったと思えるような練習量を確保すべきです。

◎試合前の生活習慣

睡眠、食事、休養、嗜好品（とくに飲酒や喫煙）に対して十分に配慮して、試合のために規則正しい生活を送ることが自信につながります。スポーツ選手としての生活習慣（ライフ・スキル）を身につけることが重要であり、そのことがメンタルトレーニングの第一歩と言うことができます。例えば、全国大会優勝を目指す高校スポーツ選手は、寮などで全員が生活を共にしているのはそのためです。

◉試合前の心身の状態

試合前の身体的コンディショニング（疲労や怪我がなく、体調を万全にする）および心理的コンディショニング（やる気を高め、試合に集中していく）が十分にできているか否かが自信に影響します。

スポーツ選手が試合当日に向けて心身をベストな状態にもっていき、最高のパフォーマンスを発揮することをピーキングと呼んでいます。ピーキングに成功すれば、自信をもって、試合を進めることができます。

(2) プレイに対する自信を高める

◉技術に対する自信

自分は「どの技術が十分にできて、どの技術がうまくできていないか」を認識しておきます。練習ではできる確率の低い技術を課題にして、できる確率を高めていきます。逆に自分にできる技術をさらに高めていくことも重要です。試合では、自分にできる確率の高い技術で作戦を遂行する、ということなどから技術に対する自信を高めます。

2014年全米オープンテニスで準優勝した錦織圭選手は，自信にあふれるプレイで世界ランキング１位（当時）のノバク・ジョコビッチ選手を準決勝で破った。(写真：AP/ アフロ)

◎体力に対する自信

自分の行っているスポーツに必要な体力の要素は何か。自分にとって必要な体力は何かを明確にし、それを高めるためのトレーニングを努力し、自分にできる体力トレーニングは十分に行ったという意識をもつ、ということなどから体力に対する自信を高めます。

◎心理面に対する自信

自分が行っているスポーツに必要な心理的スキルを明確にし、トレーニングします。また、自分がうまくできる時の心理状態はどういう状態か、あるいは、逆に自分がうまくできない時、失敗する時の心理状態はどういう時かを明確にし、うまくできる時の心理状態をいかにしてつくるかを創意・工夫して、うまくできる確率を高めていく、ということなどから心理面に対する自信を高めます。

(3) 結果や目標に対する自信を高める

◎勝敗に対する自信

結果に対する目標は、相手との関係もあるので、あまり関心をもたないほうが得策です。試合前の練習では「○○大会優勝」といった目標を決めて練習しますが、本番が近づいてくると勝敗への期待ばかりではなく、目標達成、実力発揮に集中し、結果はついてくるものと考えたほうが良いと思います。しかし、試合開始直前や実際に試合が進行していくなかでは、「絶対に勝つ」「最後は勝つ」「何のために練習してきたのか」「負けたら意味がない」などのセルフトークを発しながら、競うことも必要です。勝つことに対して自信がありすぎると自信過剰になりますし、自信がなさすぎると自信不足となります。とは言っても、「負ける気がしなかった」といった勝つことに対する自信も必要です。

◉目標達成・実力発揮に対する自信

試合が近づいてくると目標達成や実力発揮に対する自信が求められます。適切な目標を設定し、そのための作戦を立て、それによってリハーサルするなど十分な準備が整った結果、生まれる自信です。「自分のプレイができて、勝った」と言えるように、自分のプレイをすることへの自信を高めるべきでしょう。

4――その他、いろいろな自信の高め方

自信を高めるためには、一般的に次のような高め方があります。

(1) 試合で勝つ

スポーツ選手にとって試合で勝つことは何よりも自信になります。年間計画の中に目標とする大会を設定し、その目標の大会のために練習試合を組み、勝利を得るために個人やチームの弱点を修正していきます。自信を得るためには、頑張れば勝つくらいの少し上位の対戦相手を探すことが大切です。ただ、単に勝つだけでなく、勝ち方が問題になります。圧倒的に勝つ、接戦で勝つ、逆転して勝つなど同じ勝つにしても努力した結果としての勝利であれば自信は増大するはずです。

(2) 試合で目標を達成する

スポーツの試合は「勝つ」ことばかりでなく、「負ける」ことのほうが多いものです。そこで、試合に負けても自信になるような試合をすることが必要です。そのためには、試合に出る時は必ず目標を設定します。目標は技術、体力、心理について設定し、試合で目標が達成できれば「成功」と評価します。試合の結果は勝敗と目標達成から評価し、負けても目標が達成できれば「成功」と評価し、目標が達成されなければ「失敗」と評価します。成功の体験を重ねることで自信を高めることになります（155頁の図31参照）。

(3) 試合の作戦を十分にリハーサルしておく

目標を達成するための作戦をつくり、それをイメージし自宅で実際に動きとしてリハーサルします。さらに作戦を実際に練習場で練習します。試合での目標を達成するために作戦をつくり、十分に練習して自信を高めます。

(4) 試合に対する認知を変える

試合は勝つことが大切です。しかし、もっと大切なことは、「自分のプレイをすること」「ベストを尽すこと」「実力を出し切ること」「思い切りプレイをすること」であると考えます。また、「負けることは恥ではない」などと、試合に対する考え方を変えるのです。そして、勝敗に対する緊張・不安を減少させ、自信を高めます。

(5) 技術の達成度（自己効力感）を向上させる

自己の技術、体力、心理面について困難なレベルを順次設定し、その達成度を評価し、その達成度を高めます。

例えば、野球のピッチャーを例に考えます。1段階を「練習でストライクが投げられる」という最も簡単なレベルに設定します。そして、最も難しいレベルを10段階として、「試合で2アウト・満塁、3ボール・2ストライクの時、ストライクが投げられる」とします。その中間に2〜9までの段階を設定し、それぞれの段階の課題の達成度（パーセント）を上げていくということです。自分の課題の達成度を少しずつ、高めていくことによって自分の能力に対する自信を高めます。これらを達成するためには、1人での練習を通して強い意志と自信を養うことになります。誰もいないグラウンドや体育館で練習したり、夜道を黙々とランニングしたり、自宅で素振りをしたり、イメージトレーニングをするなどの努力が必要になります。

(6) ストレス解消や自己暗示を行う

深呼吸などのリラクセーションや否定的・消極的考えを肯定的・積極的考えにするなどのセルフトークを利用して自信を高めます。

(7) 他者からの励ましや指示を受ける

試合や練習では信頼する指導者、家族、先輩、仲間からの励ましや指示によって自信を高めます。特に、指導者（コーチ）からの試合前の「お前ならできる」「誰にも負けない練習をしてきた。力を出し切れ！」といったアドバイスは選手に自信を与えることができます。

(8) 他者の体験やプレイを見本にする

うまくプレイしている人の技術、体力、心理的な面を見ることによって、自分にもできるのではないか、あの人ができるので自分もできるといった考えになり、自信を高めることができます。試合前にVTRを見て、自信をつけることもよく行われています。

(9) 結果を能力や努力に帰属する

練習での上達度や試合などの結果を、自分には能力があることや努力した結果であると結びつけて考えます。「よくやった。優勝した人とあまり実力は変わらない。もっと努力しよう」などと考えたり、アドバイスしたりすることによって自信を高めることができます。

⑽ 自信があるように振る舞う

自分の感情を顔に出さず、何が起きても表情を変えず、平然と振る舞います。そして、闘志を内に秘め、自信があるように行動することによって自信を高めます。さらには「さりげなく相手に勝ち、さりげなく自分に克つ」のような態度を取りたいものです。

⑾ その他

ワインバーグ（Weinberg, R.S.）は『テニスの心理学』という本の中で、自信をつける方策として、次のようなことをあげています。

・成功経験をもつ。
・イメージ法による成功経験をもつ。
・自信があるように振る舞う。
・積極的な考えをする。
・攻撃的計画をもつ。
・試合前の行動に一定の手順を確定する。

・相手がうまくプレイしていても自信を維持する。

5――「自信」「決断力」の動きづくり

試合場面では、心理的競技能力の「自信」や「決断力」のある動きを身につけることが必要です。自信や決断力のある動きとは、どのような動きがあることでしょうか。スポーツ選手の一般的に代表される動きとしては、次のような動きがあることです。

自信のある動きとは、プレッシャーのもとでも実力を発揮できる自信がある、自分の能力に自信をもっている、自分の目標を達成する自信をもっている、どんな場面でも自分のプレイ（試合）ができる自信がある、などがあることです。

次に、決断力のある動きとは、ここぞという時に思い切りのよいプレイ（試合）をしている、試合では決断力がある、失敗を恐れず決断できる、苦しい場面でも素早く決断することができる、などがあることです。心理的競技能力の中では、自信と共に競技成績と最も関係する重要な能力です。

ここでは、テニス選手に必要な自信や決断力の動きづくりを紹介します。自分が行っているスポーツについて、あてはめて考えてみてください。表情、態度、動き、行動として発揮できるようにしましょう。

テニス選手の場合

(1) 自信のある動き

❶特徴的な動き…動きが堂々としている。失敗しても平然とした顔をしている。いかにも強そう、上手そうにしている。思い切ってプレイしている。

❷認知について…練習でいつもできているのだから、試合でもできると考える。ミスしても、次につながると思う。失敗を恐れずに、自分を信じてプレイする。

❸態度について…失敗しても首をかしげない。相手のナイスショットを気にしない。態度を出さない。ポーカーフェイスでいる。下を向かず顔を上げて行動する。足を引きずって歩かない。積極的なプレイが多い。思い切ってプレイする。結果を気にしない。

❹歩くことについて…胸を張って歩く。良い姿勢で堂々と歩く。顔を上げる。背筋を伸ばして歩く。

❺暗示について…「自分はできる、成功する」と何度も言い聞かせる。試合前に「自分は絶対に強い、絶対に負けないぞ」と思う。

(2) 決断力のある動き

❶特徴的な動き…大事なところで思い切りの良いプレイをしている。失敗を恐れていない。作戦の切り換えをうまくしている。

❷プレイについて…大事なポイントは積極的に取りに行く。自分の意思決定を早くする。頭の中でやろうとするプレイをはっきりさせる。積極的なプレイをする。攻撃的なプレイをする。決め球を迷いなく打つ。良い結果をイメージして勇気をもってプレイする。チャンスボールは思い切って打つ。ポイントごとに戦術を決め、そのとおり実行する。思い切ってポーチに出る。ポーチは決断力が大切である。短いボールは思い切って攻める。

❸してはいけないことについて…この攻撃と思ったら変えない。結果でやったことを後悔しない。失敗を恐れない。中途半端なプレイをしない。攻めるボールと守るボールを打ち分ける。

以上を要約すると、次のとおりです。

スポーツ選手に必要な自信は「自分の能力発揮」と「自分の目標達成」に対する確信度を含めた広い意味に使われています。スポーツ選手の自信は、試合前の練習量、生活習慣、心身の状態などによって、自己の能力に対する自信が生まれ、結果や目標に対する自信が形成されます。

自信を高める方法には、いろいろな方法があります。特に、スポーツ選手は試合に負けても自信になるような試合をすることが必要です。そのためには技術、体力、心理に対する目標を設定し、目標が達成できれば「成功」と評価します。負けても、目標が達成できれば「成功」と評価し、成功の体験を重ねることで自信を高めることができます。

心理的競技能力の「自信」と「決断力」の動きづくりを示しました。どの動きも行動で示すことができるようになることが大切です。

第10章

競技前後に心理的準備をする

試合前や試合中、気持ちづくりのために、どのような心理的準備をしたら良いのでしょうか。すでに、他の章で述べた内容も含めて、心理的コンディショニングとして、練習以外でのメンタルな動きづくりの方法、競技直前や競技本番の心理的準備、そして試合終了後の勝者としての条件や敗者としての条件について紹介します。

1――練習以外でのメンタルな動きづくり

メンタルな動きは、試合になって急にできるものではありません。練習以外の日常的な場でも気をつけて直すことが必要です。メンタルな動きを身につける方法として、以下のようなことがあります。

(1) イメージの利用

イメージはスキル（技術）であり、練習しないとイメージの鮮明度やコントロール能力は低下します。初心者は技術そのものができ上がっていないので全体的イメージ（例えば、○○選手のように走ろう）を利用します。中級者、上級者は練習とイメージを交互に行い、詳しい内容をイメージします。また、練習中、素晴らしいプレイができた時などは、その感覚をしっかりイメージして自分の体に残します。成功場面だけをイメージし、失敗イメージは描かないこと、練習ができない時（ケガ、雨などの悪天候、コートや用具がないなど）や練習に新鮮さを加えたい時などにイメージを利用することも大切です。

さらに、走りながら、あるいは泳ぎながら、優勝して喜んでいる姿をイメージに描いたり、

ＩＰＲ練習（１１４頁参照）で実際の試合の時と同じ気持ちをつくるなどを練習します。

(2) ＶＴＲ、録音テープ、作戦板の利用

ＶＴＲで個人やチームの動きを録画します。そして、悪い動きを修正したり、良かった場面を確認したりします。それをしっかりイメージとして頭にとどめておきます。心の状態が動きとして表われるので、悪い動きをしていた時、どのような気持ちであったかをチェックするのは非常に良いと思います。また、ＶＴＲを用いて対戦相手や競技場を研究するのも忘れてはなりません。

次に、実際の競技場の観衆の音・声援や競技場のアナウンスなどを録音します。そして、それを流しながら練習します。実際の競技場の雰囲気に慣れるための練習です。

さらに、黒板や作戦板を使って、フォーメーション、セットプレイ、ペース配分などを練習します。言葉だけで聞くより、絵や図に描いて説明すると理解力が増します。

(3) 鏡の前やイメージカードでのプレイ

鏡の前やイメージカード（ＩＰＲ練習）を見ながら、素振りをしたり、動きづくりをして、

自分のプレイのフォームを修正したり、体のリラックス度、顔の表情などをチェックします。大きな鏡を準備して、あたかも映画俳優のように優れた動きづくりをします。夜は窓のガラスが鏡の代わりになります。

(4) 用具なし、ボールなしでの動きづくり

フォーメーション、パターン練習、動きのルーティン化を用具やボールを使わないで、動きだけの練習をする方法です。ボクシングの選手がしている「シャドウ・ボクシング」のようなものです。バレーボール、バスケットボール、サッカー、テニスなど、どのスポーツでも同じです。最初は用具やボールを使わずに、動きだけで本番に近い練習をするのです。

(5) 自己会話のチェック

自己会話（セルフ・トーク：self-talk）はプレイをする前に、自分の意識を確認するために行われるので、あらゆる動きと関係します。前述したシュブリルの振子実験（92頁の図21参照）で明らかなように、自分が何かを考えたり、つぶやいたりすると、体はそのように反応します。例えば、サーブをする時、失敗するのではないかと思うと失敗してしまいます。

ここでは、失敗した時、悪いプレイをした時、負けた時などに、自分が何を考え、何をつぶやいたかをチェックするということです。消極的、否定的、不合理的な考えをしていないかチェックします。あるいは、12の心理的競技能力を発揮するための会話、さらにはプレッシャーがかかった時や暑さ・寒さ・風・太陽・雨・判定などの悪条件の時などの自己会話をチェックしてください。そして、積極的・肯定的・合理的な自己会話に修正します。

(6) プレイをしていない時の気持ちづくり

試合では、実際にプレイをしていない時、ボールにさわっていない時の時間が意外に多いものです。試合時間の中で実際にプレイをする時間はごくわずかな時間です。例えば、野球では味方の攻撃の時はベンチにいるので、自分がバッターボックスに立つ以外は、プレイをしていないことになります。守備の時もボールが飛んでこない限り、プレイをしないことになります。プレイをしていない時こそ、心の準備が大切になるわけです。

(7)「眠る」のも技術である

スポーツ選手にとって試合前夜の熟睡は非常に大切です。眠れないということは、何か緊

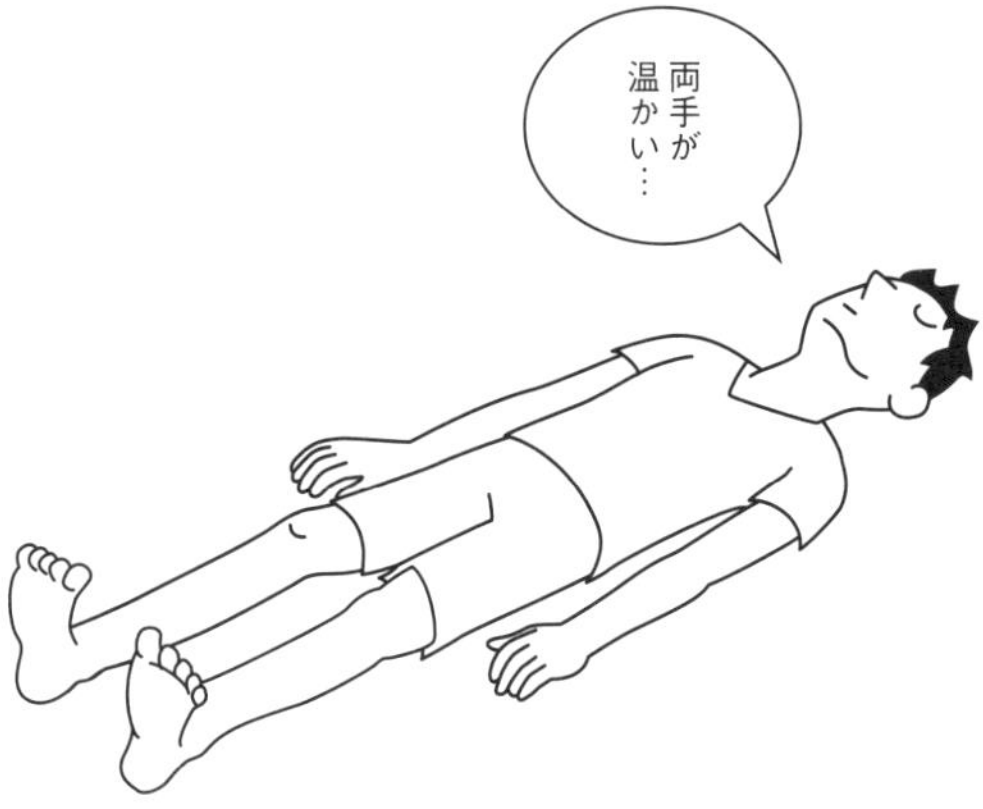

図30　眠れない時は温感練習をする

張することを考え、脳が興奮し、脳の温度が上がり、手足が冷たい状態になっている時です。眠るためには、その逆をすれば良いのです。つまり、「頭寒足熱」をつくれば良いのです。そのためには、リラックスの方法である深呼吸やストレッチ、散歩など体を温かくする方法だと何でもかまいません。次に、緊張することを考えないで、無意味なことをつぶやいたり、「手足が温かい」とつぶやいたりして、体を温かくしてください。それでも、眠れない時は「横になっているだけで良い」と開き直ります。「眠る」のは技術であると考え、眠くなる条件を日頃から整えておくと良いと思います。**図30**は自律訓練法の温感練習です。眠れない時は両手に意識を集中し「温かい」を繰り返し、両手を温かくしてください。

(8) 動きや思考のルーティン化

◎動きのルーティン化

個人およびチームの動きをルーティン化することにより、メンタルな動きを直すことをおすすめします。例えば、

弱気になる人→強気を示す動きをすれば良いのです。勝ちたいなら、攻めなさいと、攻撃の仕方を練習します。

緊張しすぎる人→リラックスした動きを練習します。

不安になる人→安心することをすれば良いのです。試合前のおまじない。お守りを握る、などの動きを練習します。

つまり、「動き」そのものを直します。「動き」を良いほうに直せば、心の状態がよくなります。心の状態がよくなれば、動きがよくなり、ベストプレイに近づけます。プレイをするまでのメンタルな動きを、以下のようにルーティン化することで直すと良いでしょう。

リラックス → 集中 / イメージ → 意欲（闘争心、強く攻める） → プレイ

◎「思考」をルーティン化

「思考」についても直します。プレイ前後の「思考」についてセルフ・トークを用いて、

動きと同様にルーティン化します。「思考」を望ましい考えに直せば、「動き」もよくなるでしょう。

2――競技前や競技本番での心理的準備

(1) 競技前

試合前に不安になったり、プレッシャーに負けたりしないように積極的に心の準備をする必要があります。そのためには、以下のようなことについて準備します。

①試合会場の条件を確認する。
②対戦相手チームについて確認する。
③試合前日や当日の朝にすることを確認する。
④試合会場での過ごし方（食物、飲み物、休憩など）を確認する。
⑤目標を確認（結果、プレイの内容）する。
⑥試合への積極的な気持ちづくりをする。

⑦作戦（技術・体力・心理的作戦、逆転の作戦）を確認する。

以上のことを確認し、イメージを描いて頭の中にしっかり覚えておきます。今は経験できない今度の試合のことを、頭の中で練習して慣れておこうということです。何回もイメージに描いて、「やるだけやった」という心の余裕をつくり、試合を楽しみに待つようにします。

(2) 競技本番

今まで準備してきたことを行えば良いのですが、試合直前や試合中で、特に注意することを簡単にまとめます。

競技直前

①試合会場には、少なくとも1～2時間前に到着しておく。
②ウォーミング・アップを十分にして、余裕をもって試合時間を待つ。
③試合時間に合わせて「よい緊張感」をつくり、作戦を確認しておく。
④練習では「優勝」「ベスト4」を目標に頑張ってきたが、競技前では「自分の実力を発揮するのだ」「自分のベストプレイをするのだ」と言い聞かせる。

競技中

①勝っていれば作戦はそのまま。
②負けゲームや失敗が続いたら作戦の切り換えをする。その決断を早くする。
③リードしても、積極的・攻撃的なプレイをする。守りのプレイになってはいけない。
④接戦になったら、「絶対勝つぞ！」「相手も苦しいのだ！」と闘志を燃やす。最後はどのくらい勝ちたいかの違いで勝敗が決まる。

3——勝者としての条件と敗者としての条件

試合終了の直後には、試合に勝っても負けても、お互いの健闘をたたえます。勝者としての条件、敗者としての条件を心得ておきましょう。

(1) 勝者としての条件

勝者としての条件について考えてみます。まず、勝った時には素直に喜びたいものです。素直に喜べるような勝ち方をしたいものです。いくら勝っても、あと味が悪いような勝ち方では素直に喜ぶことはできません。実力伯仲の中を努力に努力を重ね、実力を出し切って勝利すれば、その喜びは感動につながります。そして、敗者の心境を察する心構えも勝者の条件と言えます。試合後のわずかな会話や握手が、今までの緊張感を和らげ、お互いの気持ちに爽やかな印象を与えるのに重要な役割を果たすことになります。

(2) 敗者としての条件

敗者としての条件もまた必要です。試合に負けても気持ちはすっきりし、満足する試合もあります。自分の実力を発揮して負けたのなら、「やるだけやった」という気持ちになります。試合に負けることは、恥ではありません。負けた教訓を次の試合に生かせば良いのです。口もきかずに怒っているより、勝者をたたえるだけのゆとりをもちたいものです。最も見苦しいのは、敗者の弁（いいわけ）です。次に、敗者の弁解の例を示しました。露骨な弁解は自分をますますみじめにするので、慎むようにしましょう。

- 風が強すぎた
- 食後すぐだった
- 太陽が目に入った
- ボールが悪かった
- 眼鏡がじゃまになった
- 自分のミスだけで負けた
- ラケットが悪かった
- 靴が新しすぎた、古すぎた
- イレギュラーが多すぎた

・肘、肩、膝が痛かった
・今日は調子が悪すぎた
・年が違いすぎる
・風邪をひいていた
・練習時間が違う
・相手のインチキで負けた

・二日酔い、睡眠不足だった
・部活動の経験者だ
・勉強や仕事が忙しかった
・相手の当たりそこないが多すぎた
・コートが硬すぎた、軟らかすぎた

・経験年数が違う
・練習をしていなかった
・自分に不利なコートだった

以上を要約すると、次のとおりです。

練習以外の日常的なメンタルな動きづくりとして、イメージの利用、VTR・録音テープ・作戦板の利用、鏡の前やイメージカードでのプレイ、用具なし・ボールなしでの動きづくり、自己会話のチェック、プレイをしていない時の気持ちづくり、「眠る」技術などができるようになることが大切です。そして、これらの動きや思考のルーティン化を示しました。また、競技前や競技本番の心理的準備を怠りなくすることも大切です。さらに、試合終了後の勝者としての条件、敗者としての条件を確認し、必要に応じて動きや行動で示すことが重要です。

第11章

反省なくして、成長はない

「反省なきところに進歩なし」と言われます。心理的に強くなるためには、試合が終わって、試合中の心理状態のチェック、目標や実力発揮度の評価をする必要があります。また、試合の結果を「成功」「失敗」で評価することも大切です。さらに、スポーツ日誌を書き、自分の内面的な変化をみつめることも必要です。本章では、どのように反省すれば良いのかを紹介します。

1――試合中の心理状態のチェック

試合中の気持ちはパフォーマンスに重要な影響を与えます。試合中の気持ちづくりに問題がなかったかどうかをチェックする必要があります。**表3**（39頁参照）のような試合中の心理状態診断検査の質問と判定基準を利用すると良いでしょう。必要な気持ちづくりができたかどうかが、メンタル面のトレーニング効果をみるものとして重要です。忘れないうちに書く必要があるため、試合直後が最も良いタイミングです。次のような質問をします。

①試合で忍耐力を発揮できたか。
②試合では闘争心（闘志、ファイト、積極性）があったか。
③自分の目標を達成する気持ちで試合ができたか。
④「絶対に勝つ」という気持ちで試合ができたか。
⑤自分を失うことなく、いつものプレイができたか。
⑥緊張しすぎることなく、適度にリラックスして試合ができたか。
⑦集中力を発揮できたか。
⑧自信をもって試合ができたか。

⑨試合での作戦や状況判断がうまくいったか。
⑩試合では仲間と声をかけたり、励ましあったり、協力して試合ができたか。

これらの質問に対する回答の合計得点が、選手の実力発揮度や競技成績に影響するということが明らかにされています。

2——目標達成度・実力発揮度に対する反省

試合前に立てた目標が実力のどのくらい達成できたか、そして自分の実力がどの程度発揮できたかを毎回、確認するようにしてください。

(1) 結果に対する目標の達成度の評価

試合前に立てた目標が達成できたか、達成できなかったかを評価します。

目標達成…達成できた・達成できなかった

(2) プレイの内容に対する目標の達成度の評価

技術、体力、心理のそれぞれについて、以下のように3段階で評価します。

①技術…十分に達成できた・まあまあ達成できた・達成できなかった
②体力…十分に達成できた・まあまあ達成できた・達成できなかった
③心理…十分に達成できた・まあまあ達成できた・達成できなかった

(3) 実力発揮度の評価

時間を短縮するスポーツは「ベスト記録÷当日の記録×100＝○○パーセント」で評価します。例えば、100m走のベスト記録が11秒の人が、ある試合において11秒4で走ったら、11秒0÷11秒4×100で、実力発揮度は96・5%となります。

距離を伸ばすスポーツは「当日の記録÷ベスト記録×100＝○○パーセント」で評価します。例えば、走り幅跳びのベスト記録が7mの人が、ある試合で6m80cmの記録だったら、6m80cm÷7m×100で97・1%となります。

時間や距離では計算できないスポーツの場合は、主観的に判断して実力発揮度が何パーセ

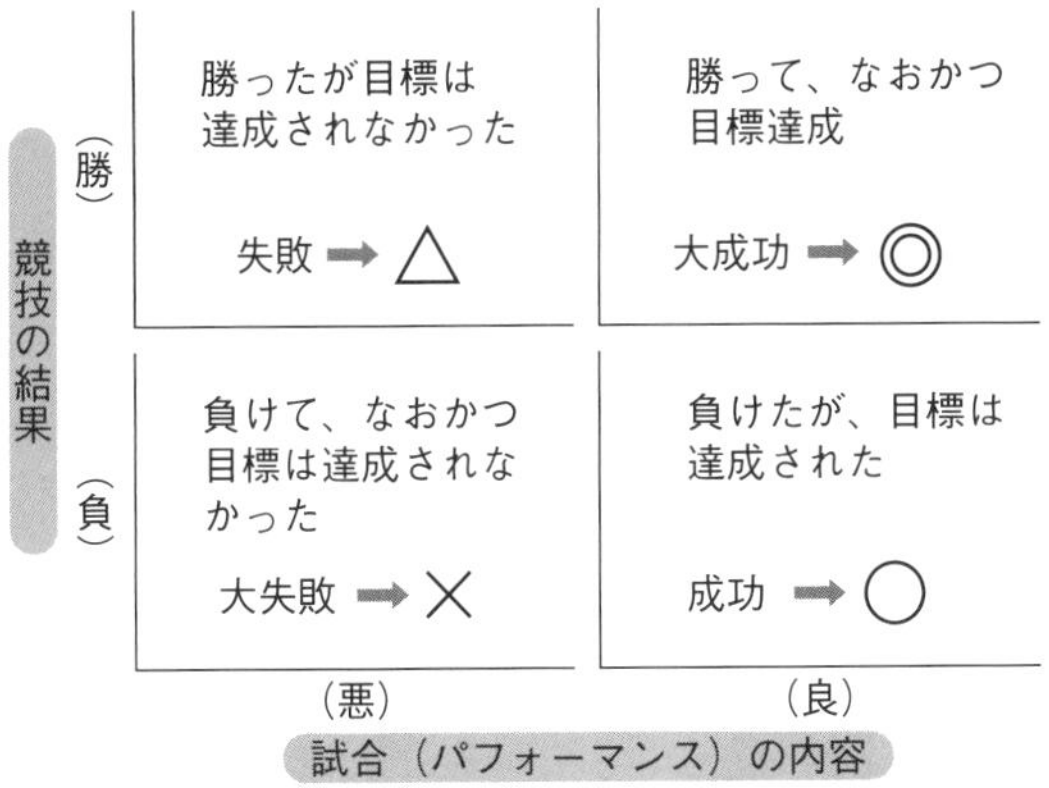

図31　試合の結果は「成功」か「失敗」で評価

［マートン（猪俣監訳、1991）『コーチング・マニュアル、メンタルトレーニング』を改変］

ントになるかを評価してください。

3――「成功」「失敗」で評価する

スポーツの試合は「勝つ」ことばかりでなく、「負ける」ことのほうが多いのが一般的でしょう。試合に出る時は、必ず勝ち負け以外の目標も設定します。目標は技術、体力、心理について設定し、目標が試合で達成できれば「成功」と評価します。

図31は試合の結果を勝敗と目標達成から評価する方法です。試合に勝ち、目標も達成できれば、「大成功」と評価します。試合に勝っても目標が達成できなければ「失

敗」と評価します。試合に負け、目標が達成できれば「成功」と評価します。試合にも負け、目標が達成されなければ「大失敗」と評価します。そして成功の体験を重ねることで「やる気」や自信を高めるのです。このような「成功」「失敗」の評価は、プレイに対する目標設定ができていなければできません。

4――スポーツ日誌をつける

最後に、試合や練習での成績、勝因、敗因、対戦相手の特徴、指導者や仲間の助言、自分の課題などを日誌につけます。自己反省も加えながら、向上心をもって新たな課題に挑戦していくためです。中学校や高校では、例えば、「サッカーノート」や「野球ノート」などを書いて、全国制覇したチームは多いものです。部活動では、指導者からコメントをもらえるようにしておくと良いでしょう。**図32**は高校女子弓道部員のスポーツ日誌の例です。心理面の成長には欠かせないものです。

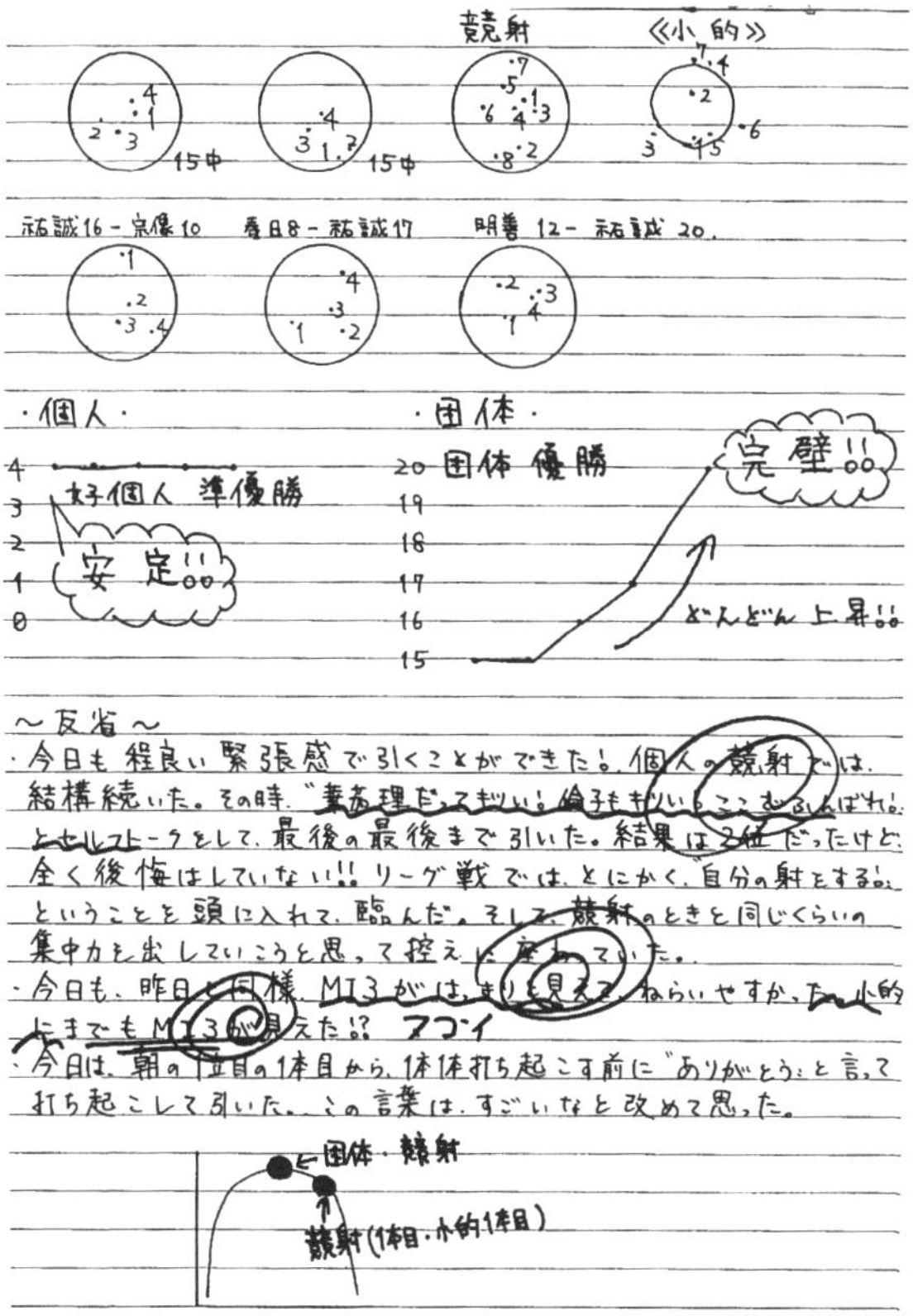

図32　スポーツ日誌をつけよう（高校女子弓道部員の例）

以上を要約すると、次のとおりです。

選手にとっては、練習や試合の反省が、次の大きなステップになります。試合中の心理状態をチェックすることや目標や実力発揮度を評価することが大切です。また、試合の結果を「成功」「失敗」で評価し、負けても「成功」と評価できる試合をすることが重要です。さらに、スポーツ日誌も心理面の成長には欠かせないので、日誌を書くように努力する必要があります。

第12章

メンタル面をさらに強くする

メンタル面をさらに強くするには、何をすれば良いのでしょうか。まず、メンタル面が強くなるとはどういう意味かを考えます。次にメンタルトレーニングでは、何を、どこまで直せば良いのか、を分析する必要があります。そして、メンタルトレーニングが結果に結びつくためには、どのようにしたら良いかを紹介します。

1――メンタル面で強くなるとは

これまでに、メンタル面の高め方（メンタルトレーニング）について説明してきました。メンタルトレーニングは、自分に足りない心理的競技能力を明確にして（第4章参照）、その克服法を考え、トレーニングすることを目的にしています。また、目標の達成度、競技中の心理状態や実力発揮度が高くなり、その確率が安定することも期待しています。そして、**実力発揮度の確率が高くなり、安定することがメンタル面で強くなることを意味します。**

しかし、勝つことも大切ですが、もっと大切なことは、価値ある目標を前もって設定して、それを段階的に達成していくようなスポーツの仕方です。勝敗は他人との比較であり、自分の成長を目指した自己実現的なスポーツの継続こそ、メンタルトレーニングの神髄であろうと思います。

「メンタルは何歳になっても伸びる！」

「向上心をもち、さりげなく相手に勝ち、自分に克とう！」

を目標に努力し、実力発揮度を高めましょう。

2――何を、どこまで直すか

⑴ 何を直すか

さて、選手の何を直すかについては、自分で考えるか、指導者などから聞いて分析する必要があります。技術、体力、精神力、そして生活習慣の何を直すのかを明らかにするのです。例えば、

・技術の基礎、応用なのか、戦術なのか。
・体力であれば、持久力なのか、筋力なのか。
・精神力であれば、闘争心なのか、集中力なのか。
・生活習慣であれば、睡眠なのか、栄養のある食事なのか。

様々な直すべき課題はたくさんあります。そして、優先順位を決めて指導者と選手が理解して取り組むことが大切です。

(2) 自分で直すか、他の人に頼むか

自分で直す場合と他の人に頼む場合があります。他の人に頼む場合は、チームの指導者やメンタルトレーニング指導士、臨床心理士などの専門家が考えられます。しかし実際には、練習において、選手が自分で直す場合が多いだろうと思います。ある行動面でプレイ・動き・技術などで失敗したことや試合中の考え・認知で訂正すべきことを直さなければなりません。毎日の練習の中で、どの動きを直すのか、どの考えを直すのかを確認して練習に挑むことが大切です。

(3) どこまで直すか

選手の能力をどこまで直すのか、どこまで伸ばすのか。スポーツの選手として可能性と限界を見極めることが必要です。

オリンピックを目指す世界的な選手なのか、日本選手権クラスの選手なのか、県大会レベル、高校レベル（インターハイ等）、中学レベル（中体連の大会等）、さらには単なる楽しみのスポーツができる程度なのか、などによってどこまで伸ばすかは異なります。そして、ど

こまで伸ばすかが重要な課題となります。

3――結果を出す必要性

さらには、スポーツでは結果を出すために、自分のベストな動きに直すための練習が必要です。試合に負けるのは、メンタル面が弱いということだけが原因ではありません。技術が完成の域に達成していないと言ったほうが良い場合が多いと思います。自分のプレイを確認し、そのプレイを発展させる意識をもつように、メンタル面を修正します。結果を出すために、技術を直すというメンタル面の修正が大切と考えたほうが良いでしょう。**思い切って自分のプレイをし、それに徹し、結果を出せるように練習します。そのための強い気持ちが必要です。自分のプレイをして、勝てるようになれば、メンタル面も身についている、または身についてくるのではないでしょうか。つまり、メンタルな動きを直して、結果を出せるようにするのです。**

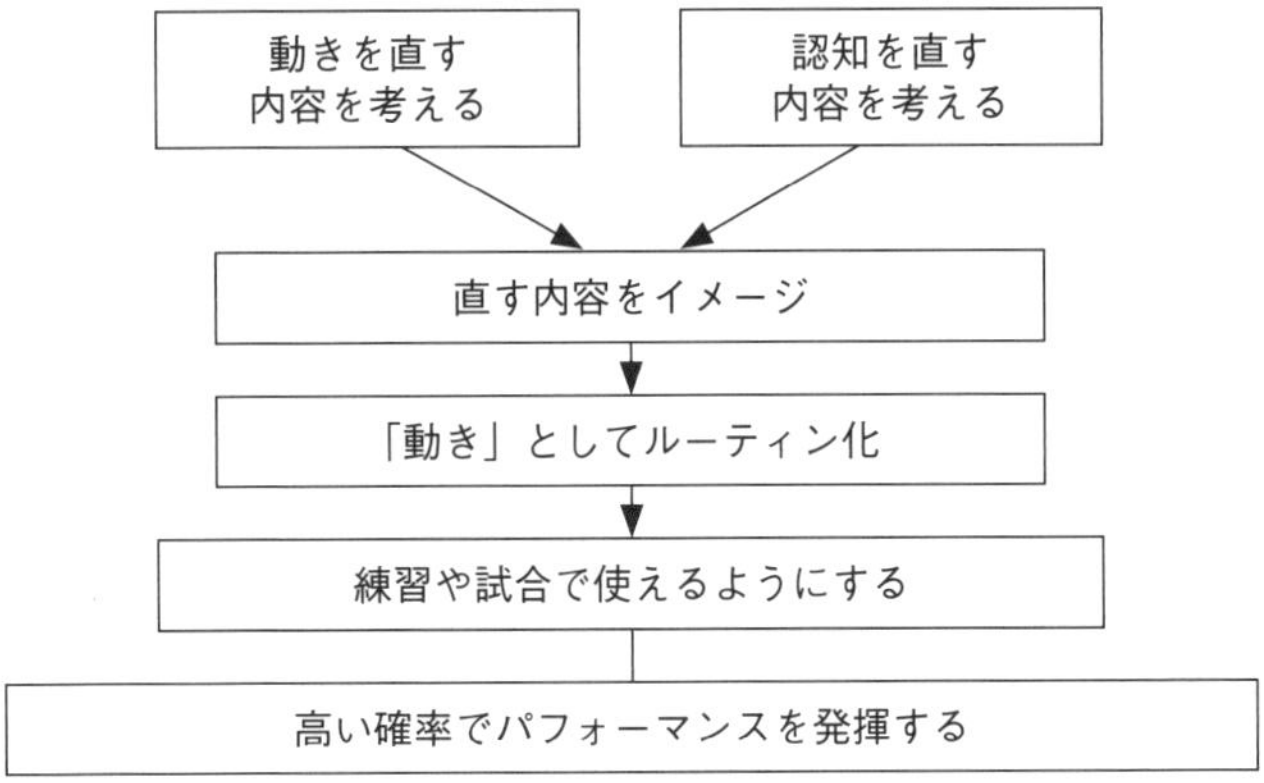

図33　メンタルトレーニングにおける動きと認知の修正方法

4――動きと認知の修正

重ねて述べることになりますが、スポーツにおけるメンタルトレーニングの役割は「認知を直す」と「動きを直す」に大別されます。

認知を直して技術、体力を変える方法は、認知を直すだけでは技術、体力が向上するとは限りません。動きを直す方法は、技術、体力を直して心をつくるということです。結果を出して心をつくるのです。「卵がさきか、鶏がさきか」の話と似ていますが、どちらを優先するかで異なります。

本書では、動きに焦点をあてることを強調してきました。しかし、現実には認知を直す必要もあります。ここでは、その両方の理論でパフォーマンスを高める方法を示したいと思います。

図33は、**メンタルトレーニングにおける動きと認知との修正方法**を示したものです

①まず、動き・表情・態度では何を直せば良いかを考えます。同時に認知面では何を直せば良いかを考えます。

②次に、直した動き・表情・態度、そして行動および認知をイメージに描きます。

③さらに、動きや認知（思考）をどのような方法で発揮するかをルーティン化します。

④最後に、その動きや認知が練習や試合で使えるようにして、

⑤高い確率でパフォーマンスを発揮できるように練習します。

このことが、動きや認知を直すことで最も大切なことです。

以上を要約すると、次のとおりです。

メンタルをさらに強くするための方法を考えました。メンタルが強いということは、実力発揮度の確率が高くなり、安定することを意味します。メンタルを直すためには「何を」「自分で直すか、他の人に頼むか」「どこまで直すか」について考える必要があります。そして、メンタルトレーニングで結果を出すために、動きを直すメンタルの練習が必要です。し

かし、スポーツ現場では「動きを直すトレーニング」と「認知を直すトレーニング」が行われていますので、動きと認知（思考）を修正する方法を紹介しました。

第13章

スポーツは勝つことばかりではない

スポーツにおいて勝つことは重要ですが、勝つことばかりが強調されすぎてはいけません。スポーツの効果の中で、身体に関わる生理学的効果や社会生活に関する社会的効果はよく知られています。

では、スポーツの心理学的効果には、どのようなことがあるのでしょうか。また、スポーツを競技スポーツと健康スポーツに分けた場合、そこでの心の健康づくりは、どのようなことに注意すればよいのでしょうか。

1――スポーツの心理的効果

ここではスポーツの心理的効果について紹介します。効果は運動の仕方（短期的・長期的、軽度・強度、個人的・集団的など）によって異なります。競技スポーツをすることが、一般的にどのような効果があり、それがスポーツ以外でどう役立つかを考えてみましょう。

(1) 感情の安定やコントロール能力の向上

◉筋肉のリラクセーションは心的緊張を低下させる

体を動かすということは手足や体幹の筋肉を緊張させたり、弛緩させたりすることです。人間の心と体の機能は相互に関連し合い、感情の変化は筋肉の緊張を伴い、それが過度になると種々の心身症へ進展します。運動による筋肉の弛緩は交感神経の興奮をやわらげ、大脳皮質の緊張を低下させます。すなわち、運動によって身体的リラクセーションが行われ、その結果、不安、イライラ、抑うつなどが軽減し、感情が安定することになります。

このことは、心の緊張によって生ずる体の異常が正常にもどり、体調（快眠、快食、快便など）が良くなることを意味しています。

◉運動に夢中になり、ストレスを忘れ、気分転換する

日常の仕事や学業から離れて、運動に参加し、しかもその運動に夢中になることによって、日常生活のストレスを忘れることができます。すなわち、「日常的世界」から「非日常的世界」へ移行することにより、気分転換が行われ、精神的にリラックスして、心身に良い影響を与えるということを意味しています。

◉欲求を充足し、満足感や達成感を得る

人びとは運動をしたいという欲求をもっています。あるいは、適度な運動をする必要があると認知しています。運動の仕方は、その欲求や目的によって異なりますが、いずれもその運動に楽しさを感じ、満足感や達成感を味わうことができます。運動によって快適な感情を体験することが、気分を爽快にし、感情の安定に影響するのです。

以上のように、運動やスポーツによるリラクセーションと感情の安定・活性化が関係しています。運動やスポーツを行うことによって、身体的・精神的リラクセーションが得られ、日常生活で緊張した交感神経の興奮が低下します。その結果、心的緊張の低下や気分転換が行われたり、満足感や達成感を味わったりすることによって、気分爽快になり、感情が安定・活性化します。さらには、感情のコントロール能力が身につくこと、運動に夢中になり、

ストレスを忘れ、気分転換することができます。

◎**その他**

運動が不安、抑うつ、神経症、ストレスの軽減に有効とする研究が報告されています。また、国際スポーツ心理学会（ISSP 1992）は、運動の精神面に及ぼす効果として、次のような提言をしています。

①状態不安を低減させる。
②軽度から中等度の抑うつレベルを低減させる。
③神経症や不安症を低減させる（長期的運動において）。
④重度のうつ病患者の専門的治療の補助となる。
⑤様々なストレス指標の低減をもたらす。
⑥性・年代を問わず、情緒的な効果をもたらす。

このように、感情の安定やコントロール能力の向上が様々な方向から報告されています。

(2) 目標達成意欲の向上

運動やスポーツにおいて目標（結果およびパフォーマンスに対する目標）を設定し、それを達成しようとする過程で、多少の差はあれ、苦しい練習を体験します。苦しい練習に耐えるための身体的スポーツ耐性や集団活動の中での精神的ストレス耐性は、苦痛への耐性、すなわち「忍耐力」として高められます。ライアンら（Ryan & Kovacic）は身体的接触のあるスポーツをしている競技者は、接触のないスポーツをしている競技者や競技をしていない人より苦痛への耐性が高いことを報告しています。また、競技レベルの高い選手になれば、競争に打ち克つために必要な能力である積極性、闘争心、勝利意欲も高いものです。さらには、練習や競技を継続するなかで、自己の能力や限界に挑戦するといった自己実現意欲も高いと言われています。これらの忍耐力、闘争心、勝利意欲、自己実現意欲といった目標達成に必要な能力は、競技力の高い選手ほど優れていることが報告されています。一方、運動やスポーツが生活の中心を占め、「生きがい」となることもあります。とくに近年の高齢者のスポーツでは、主観的幸福感の獲得が報告されています。このようにスポーツ体験を通して目標達成への意欲が向上することになります。

(3) 自信の高揚

運動・スポーツでは練習と試合が繰り返されます。そして試合場面は「勝ち－負け」「成功－失敗」が体験されます。相手に勝ち、あるいは成功をおさめると、はかり知れない自信が生まれます。したがって、試合での「勝つこと」「成功」を、どのように位置づけるかは非常に重要な問題となります。危機的状況における能力発揮の自信や、努力すれば報われるといった成功への自信は、積極性や自主性を生み、新たな価値ある目標の設定へと発展します。また、身体障害者、軽度の疾病者、高齢者などの運動参加が健康・体力の向上にともない、身体的能力への自信が高まることは数多く報告されています。

さらに、多くの研究で、スポーツ選手の自己効力感がパフォーマンスを高めることが報告されています。このように、スポーツ体験によって養われる自己の能力に対する自信（自己効力感）が高まることになります。

(4) 判断力や予測力の向上

技術習得や競争場面で、種々の状況に対して冷静で的確な判断力の必要性を体験します。また、対戦相手に対しては高い予測によって作戦を立て、それを遂行しなければなりません。さらには危機的場面で素早い判断、失敗を恐れない決断をしなければなりません。自己の体力、技術に応じて勝利、成功をおさめるための作戦能力が必要です。こうした体験の積み重ねは、行動に対する判断力や予測力といった認知的能力の向上につながります。競技レベルの高い選手ほど判断力や予測力が高いことが報告されています。一方、適度な運動後の精神的作業能力が高いことも報告されています。このような行動に対する判断力や予測力といった認知的能力や精神的能力が高められます。

(5) 適応性の向上

スポーツ集団への参加は、集団所属への欲求を充足します。集団に所属していること自体がストレス社会での心の安定に貢献します。集団内での対人（友人）関係や集団への適応性は、集団活動を継続するうえで、体験しなければならない試練です。個人スポーツであれ、集団スポーツであれ、チームワーク、協調性、規範の遵守、そしてリーダーシップやフォロアーシップ、メンバーシップの発揮などは集団への適応として欠かせない能力です。近年、運動やスポーツにおけるレジリエンス能力（困難で脅威的な状況にも関わらず、うまく適応する過程・能力・結果）の育成が注目されています。

集団には性、年令、技能、体力、性格が異なった人びとが集まります。集団所属と継続する過程でも個人対個人、個人対集団、集団対集団、そして、指導者と成員といった様々な人間関係への適応性が養われることになります。

2——競技スポーツにおける心の健康づくり

(1) 勝敗は大切だが、実力発揮・目標達成はもっと大切

スポーツクラブなどに所属して、目標達成（可能性への挑戦、競争など）のために、競技スポーツをしている人にとっても、心の健康という視点は必要です。競技スポーツの心理的課題としては、いかにして実力発揮度を高めるかが重要です。そのためには、前述した12の心理的競技能力を向上させることが必要です。また、競技スポーツは単に「勝ち負け」だけで評価されるのではなく、勝ち負け以外の「成功・失敗」として評価することがスポーツ選手の心の健康を得ることに有効です。そして、「勝つことも大切ですが、実力発揮・目標達成はもっと大切」といった考えが重要です。勝者・敗者としての態度を示すことや「できる・できない」だけの評価ではなく、競技スポーツでも記録や体力・技術・心理面の成長や向上を大切にすることが必要です。

(2) 競技スポーツの見直し

現在、競技スポーツは、勝利中心主義（勝利至上主義、優勝劣敗主義）であり、その他にも、根性主義、体罰主義、技術中心主義、体力主義、全体主義、保守主義と多くの批判があります。これらの批判に対する対策として、シュルツ（Schultz,D.）が提唱した5つの心の健康の定義（現在にしっかり結びつけられている、その人らしい独自性をもっている、自分は誰か自分は何かについて知っている、自分の生活を意識的にコントロールしている、挑戦し新しい目標や経験を目指している）に役立つのかについて、どのようなスポーツの仕方をしたら良いかを提案してみたいと思います。

◎「勝利重視」型から「実力発揮・目標達成」型目標へ

勝つことはスポーツの重要な目標です。しかし、スポーツにおける「成功」とは、単に勝つことだけでなく、努力の過程が重要であり、自己の実力を十分に発揮して目標を達成することが大切です。「負けても成功」はあります。自己の目標を設定し、実力発揮・目標達成という「成功」を重視することが、勝利中心主義の排除につながり、「挑戦し、新しい目標や経験をめざす」ことにより、自己実現という心の健康を高めることになります。そのためには、「勝利重視」型から「実力発揮・目標達成」型目標へ、目標の重点を直していく必要があるのではないでしょうか。

◎「集団」型練習から「個人」型練習へ

集団の競技力を向上させるためには、個人の競技力を高めなければなりません。集団的練習や皆が同じ練習ばかりするのではなく、個性を伸ばす練習法の導入が必要です。また、集団の目標だけでなく、個人目標の設定、そして絶対服従的なタテ型人間関係ではなく、個人の自主性・創造性を尊重するといった練習法を取り入れることも必要です。そのことが全体主義、保守主義といった弊害の排除につながり、個性や独自性の発揮という心の健康に発展するのではないかと考えられます。そのためには、「集団」型練習から「個人」型練習へ、練習方法を直していく必要があるのではないでしょうか。

◎「体罰・命令」型から「納得・合意（認知）」型練習へ

うまくできなければ体罰、試合に負ければ体罰、そうした命令型の指導は許されるものではありません。体罰や罵声は指導力不足の何物でもありません。なぜできないのか、なぜ負けるのか、なぜ実力が発揮できないのか、を正しく認知させることが大切です。そのためには、スポーツ科学の導入が必要です。スポーツを通して自分の長所や短所を理解することは、

「自分を知る」という心の健康へつながります。指導法を「体罰・命令」型から「納得・合意（認知）」型練習へ、直していく必要があるのではないでしょうか。

◎「猛烈」型から「効率」型練習へ

オーバートレーニングは、スポーツ障害の発生ばかりではなく、自主性の欠如、集中力の低下などの精神的疲労を伴い、ドロップアウトやバーンアウト（燃えつき症候群）に発展します。1日2～3時間以内の練習、週1～2日の定期的休養が必要です。効率的練習は、「自分の生活を意識的にコントロールできる」という心の健康を育てることになります。そのために、練習量を「猛烈」型から「効率」型練習へ直していく必要があるのではないでしょうか。

◎「不安・あがり」型から「楽しみ・思い切り」型試合参加へ

試合前の不安、プレッシャーといった心理的過緊張や試合中の「あがり」は、パフォーマンスに悪い影響を与えます。「今の自分にできることをすれば良い」「実力を発揮すれば良い」「自分のプレイをするのだ」「負けることは恥ではない」「思い切りすることが大切である」といった試合に対する認知を変えることによって好結果が生まれます。現在の自分の実力に合った目標を設定することにより、「現実にしっかりと目を向け」「積極的に取り組む」

という心の健康を高めることになります。そのために、試合への参加態度を、「不安・あがり」型から「楽しみ・思い切り」型参加へ、直していく必要があるのではないでしょうか。

3――健康スポーツにおける心の健康づくり

(1) 心の健康を考慮した運動・スポーツの指導

運動・スポーツの目的や志向は様々です。例えば、競技志向、レクリエーション志向、気分転換・ストレス解消志向、運動不足解消志向、健康志向、運動療法として、などがあります。それぞれの運動・スポーツの目的・志向によって目標も異なります。そうすると、運動・スポーツ場面での心の健康の具体的内容は異なることになります。運動・スポーツを実施することにより、健康志向や競技志向など目的や志向に応じた心の健康を達成し、最終的にはいずれの運動・スポーツをしたとしても、日常生活で必要とされる心の健康に到達することが望ましいと思われます。その心の健康を具体的にみていくと、先述したシュルツの定義があげられます。さらには健康度や生活習慣（ライフスキル：Life skill）を望ましい方向

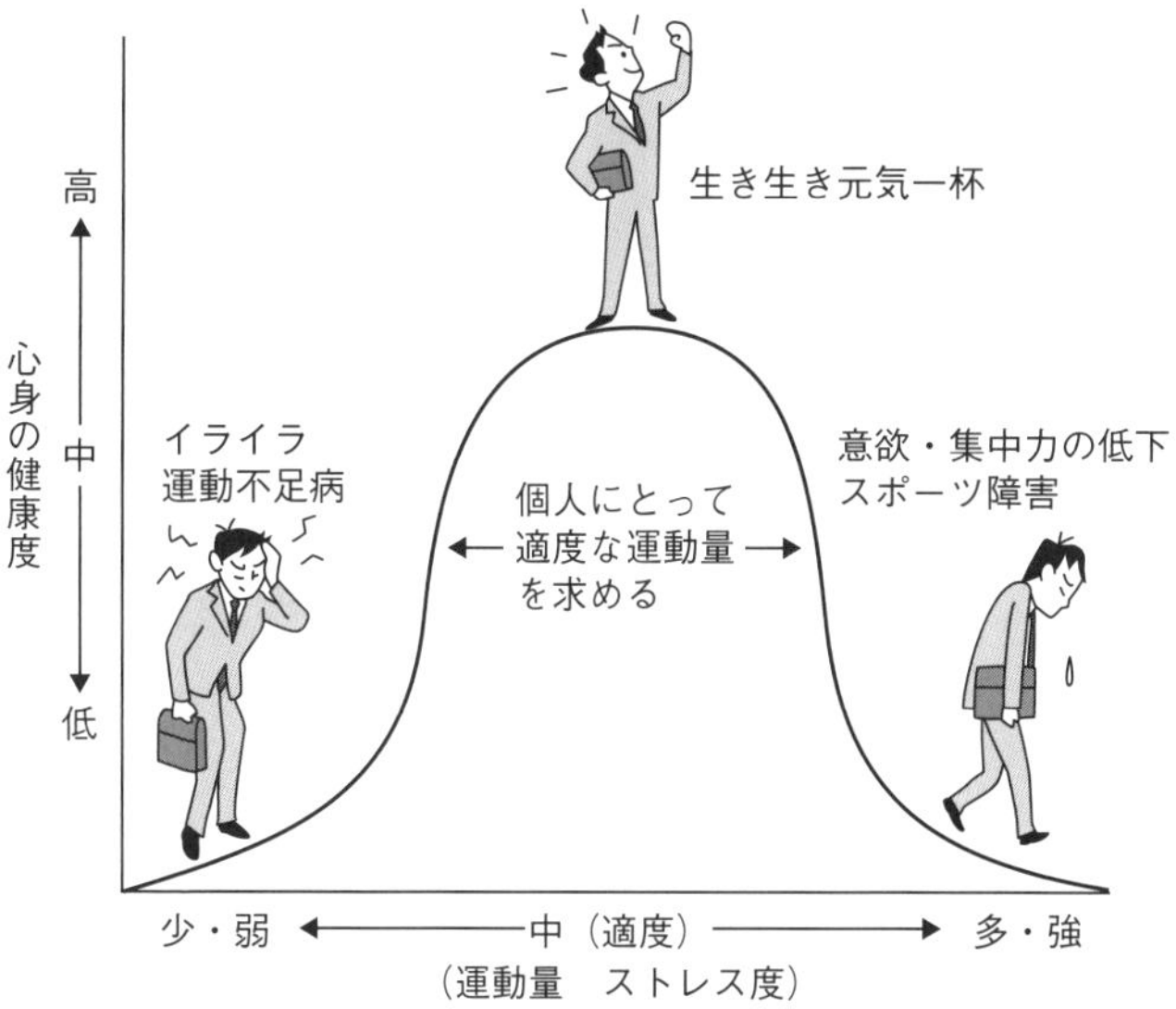

図34　心身の健康度と適度な運動量・ストレス度の関係
［徳永、1993をもとに作図］

に変化させることを目指すことが、心の健康を考慮した運動・スポーツと言えます。

(2) 適度な運動量を求める

日常生活で生じたストレスを解消するためには、いろいろな方法があり、運動やスポーツもその1つです。運動不足解消としての運動、気分転換としての運動は、まさにストレス解消としての運動です。

図34はストレスが多い時や運動量が多すぎる時は、意欲・集中力・スポーツ障害が多くなり、逆にストレスが弱い・運動量が少ない時はイラ

イラしたり、運動不足病になったりすることを示しています。適度なストレスや運動量であれば、「生き生き元気一杯」になります。適度なストレスや運動を行うことが望ましく、適度なストレス度・運動量にコントロールすることが望ましいでしょう。

(3) 運動がストレスにならないように

運動が必ずしもすべての人に快感情をもたらすとは限りません。運動そのものがストレスになっては、何のための運動・スポーツをしているのか分からなくなります。運動が嫌いな人は、運動がストレスになりますし、勝敗や技術や体力だけが強調されすぎると、ストレスは増大します。

健康志向のスポーツでは、「体を動かし、気分を変える」ことが基本となります。体の動かし方は、首や肩を回す、散歩、歩行、ジョギングなどの比較的軽い運動で良いでしょう。運動そのものが、ストレスにならないように運動の仕方に注意してください。

(4) リラックスの原理

すでに述べたように、心身をリラックスさせるためには、体を動かして心の状態を変える方法（身体的リラクセーション）と心（認知）を変えて体の状態を変える方法（精神的リラクセーション）があります。いずれも、体の状態を「頭寒足熱（頭が涼しく、手足が温かい）」に変える方法です。このことがリラックスの原理です。したがって、運動やスポーツによってストレスが増し、「頭温足冷」となっては、健康のための運動とは言えません。運動の前後には、柔軟体操やストレッチをして体を温めたり、運動後には、ゆったりと腰をおろし、仲間と談笑したり、地面や床に寝そべって、筋肉をリラックスさせ、「頭寒足熱」にすることが必要です。また、勝敗や技術・体力の高い低いなどにこだわらず、自分の成長・向上に目を向け、「健康のために行っている」という意識をもつことが必要です。

要は、個人が自分にとって適度な運動量となるようにコントロール（管理、制御）できることが必要です。運動後は快適な気分となり、感情が安定化し活性化することも大切です。そして何歳になってもスポーツができることが、健康志向のスポーツでは重要であると思います。

以上を要約すると、次のとおりです。

スポーツの心理的効果には、感情の安定やコントロール能力の向上、目標達成意欲の向上、自信の高揚、判断力や予測力の向上、適応性の向上などがあります。

競技スポーツでは、勝敗は大切ですが、実力発揮・目標達成はもっと大切です。同時に心の健康の育成も必要です。その見直しを期待するために、５つの提案をしました。

健康スポーツでは、心の健康を考慮したスポーツや適度の運動量で、運動がストレスにならないことが大切です。体が、「頭寒足熱」になるようなスポーツをして、人生、何歳になってもスポーツができることが大切です。

参考文献

1徳永幹雄（2003）：ベストプレイへのメンタルトレーニング改訂版、大修館書店

2徳永幹雄（2005）：「競技に必要な心理的スキルとは」、徳永幹雄編、教養としてのスポーツ心理学、大修館書店

4下中直人（1981）：心理学事典、初版14刷、平凡社

5日本スポーツ心理学会編（2002）：スポーツメンタルトレーニング教本、初版第1刷、大修館書店

6佐々木雄二（1982）：自律訓練法の実際―心身の健康のために―、創元社

7内山喜久雄（1979）：心の健康―自己コントロールの科学―、日本生産性本部

8ガルウェイ、T.（後藤新弥訳1983）：インナーゲーム、日刊スポーツ出版社

9石井源信（2002）：「注意集中法」「集中力のアップ」、日本スポーツ心理学会編、スポーツメンタルトレーニング教本、初版第1刷、大修館書店

10マートン、R.（猪俣公宏監訳1991）：コーチング・マニュアル メンタルトレーニング、大修館書店

11バンデュラ、A.（園田順一ほか訳1985）：自己効力感―行動変容の統一理論に対して―、教育医学研究、第28巻、47‐72頁

12ナサニエル・ブランデン（手塚郁恵訳1992）：自信を育てる心理学、春秋社、19頁

13岡浩一朗（2000）：「自信向上のための認知的アプローチ」、上田雅夫監修：スポーツ心理学ハンドブック、実務教育出版

14新村出編（1998）：自信、広辞苑、第5版、岩波書店、1170頁
15竹中晃二・上地広昭（2002）：身体運動・運動関連研究におけるセルフエフカシー測定尺度、体育学研究、第47第3号、209－229頁
16竹中晃二（2002）：継続は力なり―身体活動・運動アドヒレンスに果たすセルフエフカシーの役割、体育学研究、第47巻第3号、263－269頁
17徳永幹雄（1996）：ベストプレイへのメンタルトレーニング―心理的競技能力の診断強化―、大修館書店
18徳永幹雄（2002）：「自信を高めるためのトレーニング」、日本スポーツ心理学会編、スポーツメンタルトレーニング教本、初版第1刷、大修館書店
19ワインバーグ、R．S．（海野孝ほか訳1992）：テニスのメンタルトレーニング、大修館書店、24－42頁
20徳永幹雄（2005）：「競技前の心理的準備や競技後の評価はどのようにすれば良いか」、徳永幹雄編、教養としてのスポーツ心理学、大修館書店
21春木豊（2011）：動きが心をつくる―身体心理学への招待―、講談社現代新書、講談社
22徳永幹雄（1993）：「運動・スポーツの心理的効果」「運動・スポーツによる心の健康づくり」、九州大学健康科学センター編、健康と運動の科学、大修館書店
23徳永幹雄（2003）：「運動と心の健康」、健康・からだ力づくり事業財団、健康運動士養成講習会テキスト

おわりに

長年にわたり研究と実践を繰り返してきた筆者の最後の気持ちを本書に盛り込んだつもりです。

想えば、クラブ活動として小学校、中学校、高校、大学で水泳部に所属していました。また、大学ではサッカー部にも所属し、九州大学に就職後は30歳頃までサッカー部の監督をしてきました。25歳頃からテニスを習い始め、現在まで多くのテニス大会に参加してきました。60歳代に全日本ベテランテニス大会に参加したこともありますが、2015年5月付、ランキングは75歳以上の部で64位と低迷しています。本書の「動きを直せば、心は変わる」は、結果を出すためには、技術が優先することを、痛感したからということもあります。もちろん、書いていることが本人にできることには限界があります。

75歳まで現役で教壇に立ちましたが、最後の方は病気との闘いでした。九州大学退職時には重度の帯状疱疹（63歳）、テニス大会後の軽い脳梗塞（73歳）、右膝半月板の手術（73歳）、左膝半月板の手術（75歳）など、身体のあちこちが故障して、年齢を重ねてきました。しかし、今でも何とかテニスを続けています。この間、長男の智雄・敬子夫妻や次男の勇雄・尚子夫妻には大変迷惑をかけてきました。そのことに感謝したいと思います。また孫の佳菜・芽衣にもその都度、随分と元気づけられました。この子たちが大きく成長し、本書に目を通してくれることを願っています。

また、橋本公雄先生（現在、熊本学園大学教授・九州大学名誉教授）や九州大学健康科学センターの諸先生方、多くの大学院の卒業生に支えられて今日まで来ました。今回の出版に関しては、本学大学院卒業生の大修館書店編集第三部の丸山真司君に大いにご尽力頂き、感謝してもしきれないほど、お世話になりました。

さらに、私の研究を現場で生かすために、ご支援を頂きました株式会社トーヨーフィジカル社長の吉岡又治氏にも感謝申し上げます。

最後に、本書の出版に叱咤激励してくれた妻・佳子に長い間お世話になりました、と感謝の意を表したいと思います。

おもな著書

・ベストプレイへのメンタルトレーニング改訂版（大修館書店）、単著
・新版・健康と運動の科学（大修館書店）、共著
・健康と競技のスポーツ心理（不昧堂書店）、編者
・現代スポーツの社会心理（遊戯社）、共著
・Ｑ＆Ａ実力発揮のスポーツ科学（大修館書店）、共編者
・硬式テニス教室（大修館書店）、共著
・テニスの科学（九州大学出版会）、編者
・スポーツ行動の予測と診断（不昧堂書店）、共著
・体育・スポーツの心理尺度（不昧堂書店）、単著
・教養としてのスポーツ心理学（大修館書店）、編者
・健康・福祉と運動の科学（大学教育出版）、共編者
・コーチングに役立つ実力発揮のメンタルトレーニング（大修館書店）、監訳　など

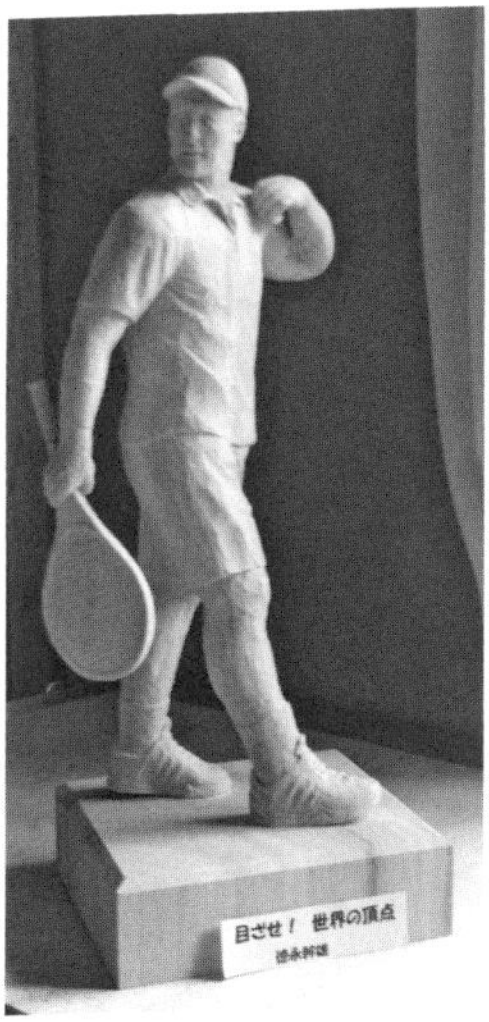

「目ざせ！　世界の頂点」、福岡県シニア美術展、2015、優秀賞（福岡県美術協会賞）、高さ 63cm、楠、木彫り、著者作成

［著者略歴］

徳永 幹雄（とくなが みきお）

1939年福岡県に生まれる。広島大学教育学部卒業。九州大学教授を経て九州大学健康科学センター長。2002年３月九州大学定年退職。九州大学名誉教授。2002年４月より福岡医療福祉大学教授、2013年３月同大学を退職。医学博士。スポーツメンタルトレーニング指導士。

主な役職として、日本スポーツ心理学会会長、日本体育学会理事、九州体育・スポーツ学会会長、九州スポーツ心理学会会長、日本スポーツメンタルトレーニング指導士会会長、福岡県体育協会常務理事などを歴任。水泳競技、サッカー、テニスを特技とし、特にテニスでは全日本ベテランテニス選手権60歳以上（1999年および2000年）、65歳以上（2004年）のシングルスに出場。

動《うご》きを直《なお》せば心《こころ》は変《か》わる

—メンタルトレーニングの新《あたら》しいアプローチ—

NDC780 / x, 187p / 19cm

初版第１刷 —— 2016年４月１日

著　者 —— 徳永幹雄《とくながみきお》

発行者 —— 鈴木一行

発行所 —— 株式会社大修館書店

〒113-8541　東京都文京区湯島 2-1-1

電話 03-3868-2651（販売部） 03-3868-2297（編集部）

振替 00190-7-40504

［出版情報］ http://www.taishukan.co.jp

装丁 —— CCK

本文デザイン・DTP —— CCK

印刷所 —— 広研印刷

製本所 —— 司製本

ISBN978-4-469-26791-4　Printed in Japan